U0527581

COMPOUND INTEREST
OF LOVE

爱的复利

用经济学思维谈爱与亲密关系

黄徽 ————— 著

浙江大学出版社

图书在版编目(CIP)数据

爱的复利：用经济学思维谈爱与亲密关系 / 黄徽著. -- 杭州：浙江大学出版社，2021.10
ISBN 978-7-308-21733-0

Ⅰ. ①爱… Ⅱ. ①黄… Ⅲ. ①爱情-通俗读物 Ⅳ. ①C913.1-49

中国版本图书馆CIP数据核字(2021)第185300号

爱的复利：用经济学思维谈爱与亲密关系
黄　徽　著

策　　划	杭州蓝狮子文化创意股份有限公司
责任编辑	黄兆宁
责任校对	陈　欣
出版发行	浙江大学出版社
	（杭州市天目山路148号　邮政编码　310007）
	（网址：http://www.zjupress.com）
排　　版	杭州林智广告有限公司
印　　刷	杭州钱江彩色印务有限公司
开　　本	889mm×1194mm　1/32
印　　张	6.75
字　　数	111千
版 印 次	2021年10月第1版　2021年10月第1次印刷
书　　号	ISBN 978-7-308-21733-0
定　　价	52.00元

版权所有　翻印必究　　印装差错　负责调换

浙江大学出版社市场运营中心联系方式：0571-88925591；http://zjdxcbs.tmall.com

序

希望这本书可以帮助读者您从一个全新的视角来思考爱和婚姻。

本书中引用的名家众多,其中有些可能为大家所熟知,有些未必那么熟悉。为了行文的一致性和可阅读性,我在书中一律略去了他们的头衔,避免"德裔美国物理学家阿尔伯特·爱因斯坦"这样的表述。这样做绝对不是不尊重这些作家和思想家们。在我看来,引用本身就表达了我对他们的极大敬意。

是为序。

黄徽
2020 年冬 于上海

目录

01 爱的复利
什么是爱的复利 / 003
婚姻不是买卖,也不是合股 / 008
复利的心智模式 / 016
婚姻是爱的复利的风控 / 019

02 爱
什么是爱 / 027
爱的艺术 / 032
爱的反义词是鄙视 / 038
被爱的感觉 / 043
长期均值的幸福感 / 051

03 相爱
择偶不是购物,也不是拼图 / 059
缘分天注定吗 / 065
人生操作系统的兼容 / 070

合适的先验期望是遇到一个普通人 / 078
长期单恋使人落后 / 084

04 婚　姻

只要在一起，什么都可以 / 091
愿意为彼此服务 / 098
自由和自在 / 106
婚姻不是爱情的坟墓 / 112
婚龄公式 / 116
一夫一妻的逻辑 / 119
刚刚好的婚姻 / 127
婚姻的其他问题 / 131

05 亲情、友情

亲者不耐 / 139
君子之交淡如水 / 147

06 其他社会问题

家庭暴力 / 155
物　化 / 159
禁　爱 / 163

结　语：爱是无限游戏 / 166

尾　注 / 169
跋 / 208

爱的复利

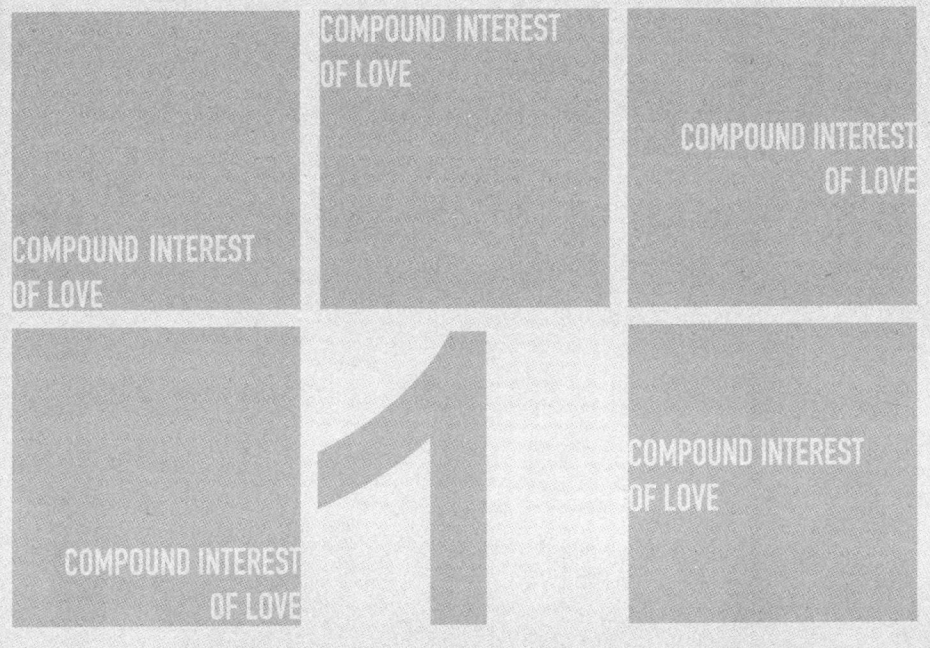

什么是爱的复利

什么是复利？复利是金融投资上的一个概念。举个例子，假如你现在只有一块钱，但是你有办法能够让你的钱持续地每天翻一倍，那么不要两个月，这世界上所有的钱都是你的了。这种神奇的增长就是复利。巴菲特说，人生像滚雪球，最重要的是发现很湿的雪和很长的坡，就是在讲复利的道理。

*

我在《有温度的资本论》中写过："当一个人在一段感情关系中投注精力和时间的时候，他可以获得的效用不是随着精力和时间呈线性增长的，而可能是呈指数级增长的。在这种情况下，人们才有合理的激励去持续地把主要心力投注于某一段感情关系。"[1]

我为此起了个名字，叫作爱的复利。

当一个人和另一个人有了爱的关系，他之后可以从这段关系中收获的幸福感是可以随着投注的精力和时间按复利增长的。其实，一生的幸福感主要取决于累积的爱的复利。当存在爱的复利时，如果想在一生中收获最大的幸福感，那么就要做两件事：活得长，爱得专注。

这个道理很简单。如果你爱一个人的幸福感可以每天翻一倍，那么不要两个月，你一定感觉自己是世界上最幸福的人了。然而，如果你在这两个月里每天去爱一个不同的人，那么两个月之后你的幸福感和现在没什么变化。

传说爱因斯坦曾经说过，复利是世界第八大奇迹。那么，爱的复利应该是人间最大的奇迹。然而，绝大多数人并未能体验到爱的复利。且不说近半的离婚率[2]，即使是那些持续着的婚姻，多年后的夫妻关系也并不比新婚时显著地更亲密。但是，不能因为没有体验过，就质疑它的存在。这就好像虽然金融市场中绝大部分散户是亏钱的,但是不能否认其实是有可能像巴菲特那样,享受到许多年财富增长的复利的。

爱的复利式增长,就像我们买了股票想赚钱一样,首先最好它每天都能涨一点,就像有一首歌的名字"每天爱你多一些";更重要的是注意尽量不要亏钱。[3] 但是,我们在爱的关系中,往往不经意地就伤害了"爱"。

*

为什么爱可以有呈指数级增长的复利呢?

爱可以有复利,是因为爱是一个反复互动的动态过程,而在这个动态过程中存在着正反馈回路。动态模型指出,任何按指数增长的量,以某种方式包含了一种正反馈回路。[4] 他的爱可以激发更多她的爱,她的爱反过来又可以激发更多他的爱,如此循环往复。爱激发爱,爱产生爱。

有朋友问:爱不同的人为什么不能叠加复利?这是因为正反馈回路是两个人之间的,换掉其中一个人的话就必须要重启，需要回到原点重新开始积累。

怎样提高爱的复利的收益率呢？重点就在于上述的这个正反馈回路。正反馈回路里包括周而复始的两部分：爱和被爱。

现在，大家对于爱是一种能力的概念已经不陌生了。但是，被爱的能力，或者说有能力去感受被爱，则往往被大家忽视。在现代社会，我们的心往往被蒙蔽、壅塞，觉知的能力下降了。有些爱无能的朋友，主观上也很想去爱，但问题在于他感受到被爱的能力退化了，因此建立不起这个正反馈过程。换句话说，他的心太坚硬，不柔软。

爱生爱，就像钱生钱。柔软的心，尽心地爱。

　　如果想在一生中收获最大的幸福感，那么就要做两件事：活得长，爱得专注。

婚姻不是买卖，也不是合股

人在思考问题的时候，一般会遵循某类心智模式。[5]我们从既往的，有时候甚至是其他方面的经验中，搜寻相似的问题和解，借用过来。很多时候我们自己甚至并没有意识到这个照猫画虎的心理过程。

在社会生活中，我们常常下意识地遵循或参考经济生活中的心智模式。约瑟夫·熊彼特写道："看来，人类心理上的理性态度首先是由于经济上的必要性才不得不如此的；就是说，日常经济工作才使我们人类获得理性思想和行为的基础训练——我毫不犹豫地说，所有逻辑俱来自经济决策的模式，或者用我爱用的话说，经济模式是逻辑的母体。"[6]经济生活中的心智模式在我们的脑海中印象最深,因为经济生活和日常利益最直接相关,我们在经济生活中倾向于有意识地主动思考,不像在其他情况下常常懒得动脑子。

心智模式不仅影响人们做事的策略,还影响着人们对事情的归因和期望。归因是指人们对事情发生的原因(特别是指人为什么要做或者不做某件事情)提出的解释。伴侣双方的归因模式能决定对亲密关系的满意程度。[7]

经济生活给我们带来了几类心智模式:占有、交易、合股、复利。

在农耕的封建社会,占有是主要的心智模式。因为当时土地是最主要的生产资料,地租是重要的收入来源。经济生活中最重要的是占有土地、牛马。战争也是为了征服和占有。我们在一些较早的文学作品中会读到,当一个男人和一个女人发生了关系,叫他"占有"了她。这正是反映了占有的心智模式。

因此，在农业社会体系中，婚姻双方的关系从一开始就是不平等的，婚姻制度的本质是产权制度。这个社会契约并非夫妻双方之间的契约，而是男性与其他男性之间划分女性"所有权"的契约。在这时，女性基本上是被物化了的。女性被当作一个物而被男性占有。婚姻契约相当于是"人—物"之间的财产关系。而它还不仅是"男人—女人"间的"人—物"关系，在本质上是"男人—男人"之间的关系。[8] 封建社会里的婚姻是男人们之间的权力结构在女人们身上的映射。

这时的婚姻本质上是男人和男人之间的关系，婚姻不是爱情，而是政治。[9]《围城》一针见血地写道："许多人谈婚姻，语气仿佛是同性恋爱，不是看中女孩子本人，是羡慕她的老子或是她的哥哥。"[10]

恩格斯在《家庭、私有制和国家的起源》中写道："对于骑士或男爵，像对于王公一样，结婚是一种政治行为，是一种借新的联姻来扩大自己势力的机会；起决定作用的是家族的利益，而决不是个人的意愿。在这种条件下，爱情怎能对婚姻问题有最后决定权呢？"[11] 特殊利益集团中的两家人通过婚姻缔结儿女亲家的安排不仅在历史上的中国，在世界范围内也是普遍的。[12]

*

到了工业文明和现代商业社会，交易成了最主流的心智模式。所有的东西都可以交易。《共产党宣言》里说："在现今的资产阶级生产关系的范围内，所谓自由就是自由贸易、自由买卖。"[13]交易的心智模式不仅在经济生活，在政治中也是一样。"美国社会的一大特点，就是把政治舞台变成了一个大的商品市场，政治成了一种像经济市场一样的交易市场。"[14]

在西方，直至宗教改革，婚姻都是一件圣事。可到了18世纪晚期，人们开始坚定地主张婚姻法则只是一种习俗，可以变化。[15]女性以年轻、美貌交换男性的社会地位、经济资源，这样的夫妻匹配方式就在全世界范围内变得非常普遍。[16]

在交易的心智模式下，婚姻不是爱情，是经济。[17]恩格斯指出："当父权制和专偶制随着私有财产的分量超过共同财产以及随着对继承权的关切而占了统治地位的时候，结婚便更加依经济上的考虑为转移了。买卖婚姻的形式正在消失，但它的实质却在越来越大的范围内实现，以致不仅对妇女，而且对男子都规定了价格，而且不是按照他们的个人品质，而是根据他们的财产来规定价格。"[18] 婚姻市场这个词在美国用的频次更高一些；[19] 国内虽然在报纸上很少见到婚姻市场这个名词，但把婚姻当作市场的心态也是普遍的。[20]

在这种做买卖的心智模式下，人们会低估未来预期收益而更看重现值，所以他们会更看重房子和车。嫁对了房子，好像这笔买卖就赚到手了。至于未来会怎样，大家不会考虑太多，不如房产证上的名字踏实。这时古老的占有的心智模式也一起在作祟。

除了把婚姻当作获取收益的手段，人们也把它作为规避风险的工具，嫁女儿就好像为家庭多买了份保险。陈志武指出："耶鲁大学罗森茨魏希教授在20世纪80年代对印度的研究中有不少发现。第一，在遇到灾害冲击时能得到女儿夫家的支持，越是有女儿外嫁到很远的家庭，其生存问题就越小，保险效果越明显。第二，女儿越多，就越可以往多个方向远嫁，效果就越好。第三，灾害风险越高的地区，就越会把女儿嫁得很远。第四，有钱家庭就不会把女儿嫁得很远，因为他们的财富可以帮助他们抵御风险。由此，婚姻作为避险工具是非常明显的，且效果显著。"[21]

把婚姻看作交易的心智模式有不少弊病。最大的问题是它和占有式的婚姻一样，把人给物化了。如果把婚姻当作买卖，那么婚姻和卖淫也没有多少本质差别。波伏娃在《第二性》中就曾经写道："从经济学的观点来看，妓女的地位和已婚女人的地位是一样的。马罗在《成年人》中说：'靠卖淫出卖自己的女人和靠婚姻出卖自己的女人，她们之间的唯一差别，是价格的不同和履行契约时间长短的不同。'两种性行为都是服务，前者是终身租给一个男人，后者则有按次数付酬的顾客。前者受一个男性的保护，不许有其他男人侵犯；后者则受所有男人的保护，不许任何一个男人进行排他性的专制。"[22]

如何判别一件事情是道德还是不道德呢？如果回到密尔的不伤害原则[23]，对于许多例子并不好解释。比如说卖淫，在这个过程中，双方各取所需，没有对其他人造成具体的伤害，为什么算不道德呢？有的人会说因为卖淫对婚姻产生了不好的范例效应等，这个解释有些牵强。

不把人当人，或者说把人给物化了，是一切不道德的根源。比如在卖淫这个例子中，正是由于女性被物化了，因此我们认为不道德。是把人当人，还是把人当物，应该是道德上最重要的判定。道德其实就这么一条：把人当人，当作平等的人。再比如自杀。自杀一般来说是不道德的，因为首先物化了自己。[24]

*

商品社会的另一种心智模式是合股。股份公司的起源至今已四百多年，相比交易买卖的心智模式要新一些。在合股的心智模式中，物化不再是主要的问题。但是组成这样一个利益共同体干什么呢？这好比说咱俩一起开个公司吧，但是开公司做什么呀，怎么赚钱呀，团队为什么只有两个人呢，再叫几个不好吗？除了生殖、共同养育子女、种族的绵延这些显见的原因，最重要的原因就是，两人组成一个共同体，一方有时候可以替另一方做决定。婚姻是自我的延伸。

但是在合股的心智模式下,婚姻还不是爱情,而是合伙。婚姻成了一个合伙企业。举个例子,美国电视剧《纸牌屋》中的主人公夫妻俩之间已经没有爱,甚至没有性,却是一对非常好的合伙人,合伙维持着他俩的婚姻。类似的例子有很多,不少婚姻只是为了共同抚养孩子而存在。

复利的心智模式

还有一种源于经济生活的心智模式是复利。

在这种心智模式下,组成一个婚姻的利益共同体是对爱的复利做长期投资。

请注意我这里说的投资标的(或者说那个虚拟的股票),是一个虚拟的东西叫爱,而这个爱是可以按复利增长的。"投资"在这里是一个比喻,并不是说男生投资过多少钱给女生买包包,也不是说男生在追求女生的过程中投入了多少时间。请理解为两个人一起合伙管理一个投资基金,这个基金管理的不是钱,而是两个人之间的爱。管理得好的话,这个爱可以随着时间增长,叫爱的复利。

我最初把这类心智模式称为投资的心智模式,但是发现很多人对于投资这个词有他们自己的理解,很可能会误会我的意思。他们或者混淆为短线的投机行为,或者更多地理解为收益和成本之间的算术。我在这里用投资打比方,重点在于介绍爱的复利的概念,所以称为复利的心智模式。

时间是宇宙中第一重要的变量。只有在长期复利的心智模式中,时间才充分体现了它的价值。[25]

也可以把爱的复利理解为两个人共同浇灌的一棵爱的小树,小树随着两个人的爱的积累最终可以成长为参天大树。或者像刘瑜写的:"爱情它是个小动物,要抚养它长大,需要每天给它好吃好喝,没有点点滴滴行动的喂养,crush(心动)就那么昙花一现,然后凋零了下去。"[26]

动植物和复利的比喻的差别在于,动植物大都是呈线性增长的,而复利是呈指数级增长的。从投资复利的心智模式,我想引出一个重要的定义：婚姻是爱的复利的风控。

有句话叫"没有奇迹，只有累积"。爱的累积就是爱的奇迹。

婚姻是爱的复利的风控

从复利的心智模式，我得出一个关于婚姻本质的定义[27]：婚姻的本质是在一起追求爱的复利的过程中的风控制度。

*

先解释一下什么是风控。

在投资决策中，我们把设定的边界条件称为风险控制，简称风控。不妨简单地把风控理解为每笔投资的被许可的边界。

风控有的时候来自外部，比如交易所的限制、券商的限制等，但更多的时候应该是投资者自己设定的。投资者设置风控措施，以减少在极端情况下的损失。风控更重要的是自律，而不是他律。市场的未来本身有不可预测性，而且投资者自己又有过度自信等各种行为金融学的毛病。[28]自律是审慎的、可取的、必需的。

安德烈·莫罗阿在《人生五大问题》中写道："由此可见反对结婚的人的中心论据，是因为此种制度之目的，在于把本性易于消灭的情绪加以固定。固然，肉体的爱是和饥渴同样的天然本能，但爱之恒久性并非本能啊。如果，对于某一般人，肉欲必需要变化，那么，为何要有约束终生的誓言呢？"[29] 从风控的角度看莫罗阿的设问，我们就不难理解为什么要做风控：为了反本能呀。

*

婚姻作为一个风控制度，既包括外部的他律，比如婚姻法中的条款，而其更重要的是两个人在决定一起收获爱的复利之后，为彼此（尤其是自己）加上内部的自律的风控制度。

未来的人生不可预测。每个人都不完全了解对方。用婚姻约束对方，但更重要的是约束自己。[30] 我们每个人都是某种程度上的"小人"，都有自己的各种毛病。这时，自律也是审慎的、可取的、必需的。性的排他性是风控中比较引人注目的一项具体条款。

婚姻作为风控制度一定要把握住合理的度。在投资中，一个新手常犯的错误是，对自己的能力或者运气期望过高，对风险的承受能力却很低，觉得自己应该总赚钱呀，亏了一点就心痛得不得了或者惊慌失措。风控太紧的话则会经常触发止损，止损多了还可能会被迫提前清盘。美国电视剧《生活大爆炸》中的男主人公谢尔顿特别喜欢拟定各种协议，比如室友协议、恋爱协议。他的恋爱协议的条款细小到女友如果要出行的话必须提前72小时通知男友。当然可以说这种类型的协议也是风控制度，但是这样的风控制度太死板、太细节，对于动态的未来的适应性太弱。

对比一下婚姻和同居就可以看出有和没有风控的差别。同居只比婚姻少了一纸盟约，也就是少了一套风控的机制，好比基金公司里少了风控部门和风控制度。同居的情侣比已婚夫妻忠诚度要低，因为同居的情侣还有选择的机会。所以同居的情侣比已婚夫妻经常面临更多的冲突和出轨。平均来看，已婚夫妻比同居情侣在性事上更忠诚。在美国，同居情侣分手的可能性是夫妻的 5 倍。[31]

风控重要的不是纸面上的规则，而是有没有这方面的意识。我在《对冲基金到底是什么》中写过，对冲基金是同时从收益、风险等多个维度来决策投资的基金。从这个意义讲，某基金是否可以归类为对冲基金，最重要的是看它的投资决策的心智模式的维度。如果只是简单地看其投资标的是否有做空，那就着相了。[32] 婚姻的风控也是同理。即使还没有正式结婚，研究也发现，情侣如果已经订婚，那么在婚前的几个月住在一起，同居的这些负面影响并不会出现。[33]

复利的心智模式和买卖交易的心智模式之间是有根本差别的。买卖是一次性的，而复利的投资是长期的。[34] 买卖看重的是当下，复利的长期投资放眼的是未来，重要的是在过程中不断调整以应对市场变化的能力。[35] 因为买卖是一锤子的，所以它是不能容错的，这笔买卖要么赚到了要么亏掉了。而长期复利的投资过程是可以容错的。

*

婚姻是有明确的风控的爱情。[36] 爱情是脆弱的,婚姻是为了反脆弱。[37]

爱

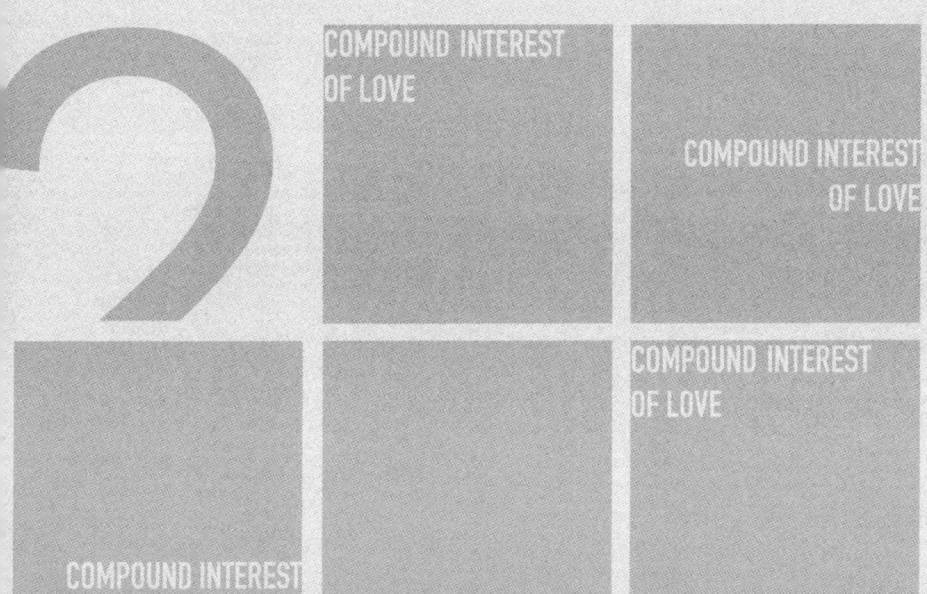

什么是爱

什么是爱?

爱是领略、守护和成就她独有的美。[38]

我爱一朵花,是我领略、守护和成就它独有的美;我爱一只猫,是我领略、守护和成就它独有的美;我爱一幅作品、一项运动、一门艺术,是我领略、守护和成就它独有的美;我爱一个人,是我领略、守护和成就她独有的美。

这里用"领略"这个词,因为它同时有发现、理解、品尝、欣赏的意思。

什么是美？

大自然是美的，宇宙中的真理是美的。维特根斯坦写道："数学家帕斯卡欣赏数论原理的美，似乎他在欣赏一种美丽的自然现象。他说，妙不可言，数具有多么精彩的特性呀：似乎他在欣赏某种水晶体般的规律性。"[39] 请想想阿尔卑斯山、爱琴海、九寨沟、张家界、天上的云朵、水中的莲花、傅里叶变换、麦克斯韦方程、碳原子结构、DNA双螺旋，哪样不是触目惊心的美！越趋近于真，也就越美。绝对的真就是绝对的美。

绝对的真和绝对的美就像毛姆写过的那样："你没法说它是什么，你也没法说它不是什么。它是无法表达的。印度称它为大梵天。它是无在而无所不在。万物都蕴涵它，仰藉它。它不是人，不是物，不是因。它没有属性。它凌驾在久与变之上，整体和部分之上，有限与无限之上。它是永恒的，因为它的完善和时间无关。它是真理和自由。"[40]

《说文解字》里说："善，吉也。从誩，从羊。此与义、美同意。"[41] 美、善、義（繁体的"义"）这几个字的上部相同，而下面有差别。美的下面是"大"，这里说的美是大美，是宇宙的真。善的下面是"口"，善是可以言说的美。"道可道，非常道，名可名，非常名"[42]，善就是可以道、可以名的美。或者说，大美是绝对的，它就在那里；而善是我们对大美的理解、表达和转述。当善趋近于极限，可称为至善，就无限接近于大美。

钱穆在《人生十论》中也讲到真善美的关系："美与真同是宇宙之一体。中国人不大说到真，又不大说到美。中国人只说自然，只说性，而赞之曰神。这便已真能欣赏了宇宙与自然之美，而且已欣赏到其美之最高处。现在剩下一个要特别一提的，只是一个善。真是全宇宙性的，美是全宇宙性的，而善则似乎封闭在人的场合里。……宇宙整个是一个真，是一个美，同时又还是一个善。其实既是真的，美的，哪还有不善呢？而中国人偏要特提此善字，正为中国人明白这些尽在人的场合中说人话。"[43]

绝对的美是大美，是至善。而花的美，是绝对的美在花的身上的投射。绝对的美是太阳,而我们看见花的美是阳光落在花上然后反射入我们的眼睛和灵魂,就好像柏拉图《理想国》中的"日喻"。[44] 我们不能完全了解太阳,于是就从了解阳光照耀下的美开始实践。每一事一物的美,用心去体察[45],都可以作为对绝对的大美的考察的一种途径。一花一世界,美就在那里,只看是不是用心。王阳明说格物致知,就是这般道理:"先生游南镇,一友人指岩中花树,问曰:'天下无心外之物,如此花树在深山中自开自落,于我心亦何关?'先生曰:'你未看此花时,此花与汝心同归于寂;你来看此花时,则此花颜色一时明白起来,便知此花不在你的心外。'"[46] 在你欣赏这朵花之前,它自开自落;当你欣赏它的时候,美以花为介质进入了你的心。

*

有至真、至美、至善,却没有至假、至丑、至恶。美和善有最高级,丑和恶却只有比较级。上帝(或者其他造物主)创造了真和美,然后创造了人。他并没有创造恶和丑,丑恶只源自人心。

毛姆在《刀锋》中问道:"如果一个至善和万能的上帝创造了世界,为什么他又要创造恶呢?"[47]我的回答是:上帝没有创造恶,丑恶只是人心的判断。丑恶的判断最主要是基于在长期进化过程中是否不利于自身生存而发展和保留下来的人类集体无意识。人们觉得丑恶的,一般是不健康的、不卫生的、不怀好意的、不利于安定团结的。从天地的角度来看,老鼠蟑螂并不比人更丑恶。

什么是义(繁体字为"義")呢?义的下面是"我",义是去领略、守护和成就我自己独有的美。按照之前对于爱的定义,义是自爱。《孟子》说:"生,亦我所欲也;义,亦我所欲也。二者不可得兼,舍生而取义者也。"[48]舍弃自己的生命,换来的是守护和成就自己的美。

爱的艺术

弗洛姆在《爱的艺术》中写过,爱是一门需要去学习和掌握的艺术。[49] 他在书中按不同的爱的对象做了定义和讨论,我们也来分别看看。

先从两情相悦的爱谈起。当下流行的择偶观,是一些"三字经",如"高富帅"和它的衍生品"白富美""甜素纯"等。也许有人会说,这不是合乎对美的追求吗?你看,"高帅白美甜"都是审美呀。其实不然。维特根斯坦说过:"漂亮的东西可能不是美的。"[50] "高富帅",不就是"潘驴邓"的一个改头换面的描述吗?[51] 这是《水浒传》中王婆和潘金莲一般市侩的见识,历史上最符合标准的正是西门大官人。也许可以辩说西门庆是中国的卡萨诺瓦，但是他泡妞撩妹的套路在30年前的中国叫调戏，毕竟不是爱呀。

康德说："只按照那样一个准则去行动，凭借这个准则，你同时能够要它成为普遍规律。或者说，如此去行动：俨然你的行为准则会通过你的意志成为普遍自然律似的。"[52] 换句话说，我要把选择"高富帅"作为准则，那就要所有人把选择"高富帅"作为普遍规律也能成立。但是，人有高、矮、不高不矮；富、穷、不富不穷。假设各占三分之一。考虑到高、富、帅之间可能有一定的正相关，"高富帅"也不会超过五分之一。如果选择"高富帅"成了普遍自然规律，那么剩下五分之四的朋友们怎么办呢？

显然，我们关于爱的定义在康德面前就不会有相似的问题。特别注意，说的是领略、守护和成就她独有的美。重点在于独有，而"高帅白美甜"的筛查只能算作一种刻板印象。只要我们相信美的阳光普照人类，包括《巴黎圣母院》里驼背、独眼、跛脚的敲钟人，每个人身上都存在独有的美，而且总有另一双眼睛和另一个灵魂可以领略这份美。

西方心理学有个爱情三角理论，认为各种不同的爱情都能由三个构成成分组合而成。爱情的第一个成分是亲密（intimacy），包括热情、理解、沟通、支持和分享等爱情关系中常见的特征；第二个成分是激情（passion），其主要特征为性的唤醒和欲望，激情常以性渴望的形式出现，但任何能使伴侣感到满足的强烈情感需要都可以归入此类；爱情的最后一个成分是忠诚（commitment），指投身于爱情和努力维护爱情的决心。[53]

比较一下这个爱情三角理论中的亲密、激情、忠诚，和我们爱的定义中的三点要素，即领略、守护、成就她独有的美。忠诚基本对应守护。激情有点像领略。激情里面包含的欲念更多一些，领略的审美成分更多一些。如果把这差别的程度放大，有点像《爱莲说》里"可远观而不可亵玩焉"中的亵玩和远观的区别。亲密相比彼此成就，感觉上还稍微差了点意思。亲密包括理解、沟通、支持、分享，但还是少了点丰富（enrichment）的意思。成就她的美，则是希望能促进她拥有丰富、幸福、值得的生活。

有个说法，你永远无法唤醒一个装睡的人，就像你无法感动一个不爱你的人，这句话非常贴切。当真切地感受到被爱的时候，应该是一种被唤醒的感觉。当然不是被闹钟吵醒的感觉，而是从慵懒混沌中醒来，整个世界一下子变得明媚了。

*

继续看《爱的艺术》中讨论的其他几种爱。

父母对子女的爱。领略子女的美、守护子女的美，是本能。成就子女的美的过程就是教育。

关于自爱。领略自己的美，是自信。守护自己的美，是自尊。成就自己的美，是自强。自爱是义，义就是自信、自尊、自强。

性爱是在身体层面上两个人相互成就美的终极仪式。孕育是终极成就。而婚姻是两个人相互守护美的终极誓言。

关于博爱。《论语》中讲到,仁者爱人。仁是爱人,义是爱己。爱人如己,就是仁义。世人往往理解为以己度人和推己及人,有明确的先后之别,其实并不够。爱人和爱己本来就是同样地去领略美、守护和成就美,只是美的阳光在不同对象上的反射,类似花和叶一样的不同而已。仁是基于同理心的逻辑,而仅有同理心是不够的。[54] 正如孔子说,仁者不过是推己及人,而如果真能做到博爱,那何止是仁,就是圣人呀![55]

作为无神论者,关于弗洛姆讲的最后一点:神爱,我不想评述太多。如果说世界上有神,那么它就是绝对的美、真。所有被人格化的神都不是真神。罗素在《为什么我不是基督教徒》中举过一个《圣经》中的无花果树的例子:"第二天,他们从伯大尼出来,耶稣饿了。远远地看见一棵无花果树,树上有叶子,就往那里去,或者在树上可以找着什么。到了树下,竟找不着什么,不过有叶子,因为不是收无花果的时候。耶稣就对树说:'从今以后,永没有人吃你的果子。'他的门徒也听见了。……早晨,他们从那里经过,看见无花果树连根都枯干了。"[56]

和罗素一样,我也觉得耶稣在这件事上不够仁义。按照前述领略、守护、成就美的理解,如果一定要施展神迹,本可以成就这无花果树,让它果实累累,何必要让它枯干呢?老子说"上善若水,水善利万物而不争,处众人之所恶,故几于道"[57],济人利物是春秋大义。再想想人类这些年来对自然的破坏,又何止千万棵无花果树,不仁不义,情何以堪。

爱的反义词是鄙视

爱的反义词是什么?

很多人以为爱的反义词是恨。另一些人说不对,爱的反义词不是恨,是淡,是漠然。我说,爱的反义词不是恨,也不是淡,是鄙视(despise)[58]。鄙视同时包括轻蔑(contempt)和厌恶(disgust)两重意思,轻蔑是觉得对方低我一等,厌恶则是觉得对方丑恶。

鄙视是最能毒害婚姻关系,或者说毒害所有人际关系的。约翰·戈特曼写过可能给婚姻带来致命伤害的"四骑士":"这四位骑士会按照下面的顺序依次闯入婚姻的心脏地带:批评、鄙视、辩护和冷战。……任何形式的鄙视（它是四位骑士中最坏的）都能毒害夫妻关系，因为它表达了人的厌恶之情。让配偶知道你讨厌对方，实际上并不能解决你们之间的问题。鄙视必然会导致更多的冲突，而不是和解。"[59]

鄙视人的时候不把人当作人，不能领略对方的美，也不会去守护和成就对方的美，反而是在获得自负感的同时完全拉开和对方的心理距离。

*

人们经常会想去追问"他到底爱不爱我"。其实想要得到答案有个办法，就是把问题换成"他有没有鄙视我身上哪一点？而那一点是我通过努力可以改变的吗？"如果他鄙视你身上某个缺陷，而你又无法改变它，那么朋友，劝你放弃吧。电视剧《人民的名义》中，梁璐鄙视祁同伟的出身，而这是祁同伟无法改变的，因此注定他们就是一段孽缘。

细心的朋友可能会说，这两组问题不完全等价呀？事实上，当一个人需要问对方你到底爱不爱我的时候，答案一般都是不爱。电视剧《天道》中，主人公丁元英说："只要是需要证明的感情就有错误。"如果是真的爱的话，他应该是可以感觉到的，是不用这样提问的。所以他想问的其实是：你未来到底有没有可能爱我呀？

恨和爱是对立统一的，可能相互转化，所谓由爱生恨，由恨生爱；淡是爱到尽头后的归零，总还是有旧情复燃的可能；而鄙视是不可能转变成爱的。小说《天龙八部》中，段誉单恋王语嫣，游坦之单恋阿紫。两个人都非常痴情，为什么结局不同呢？正是因为阿紫鄙视游坦之，而王语嫣并不鄙视段誉。

*

人为什么会有鄙视呢？鄙视源自人那与生俱来的孤独。弗洛姆写道："对人来说，最大的需要就是克服他的孤独感和摆脱孤独的监禁。"[60]要克服孤独感必然要去和他人建立关系。有两种选择：一是建立爱的关系，在爱中实现人与人之间的统一；二是建立鄙视链，试图由被鄙视者反衬出自己的定位。

鄙视和物化是有千丝万缕的关系的。鄙视不是一种天然的情感，甚至可以说是反天然的。我们不仅在动物身上看不到鄙视，在小朋友那里也看不到鄙视。鄙视是在社会中后天习得的，是这个社会之殇。马克思说："专制制度的唯一原则就是轻视人，蔑视人，使人不成其为人。"[61]

为什么鄙视在持续增长呢？有个词叫"累觉不爱"。在快速变化的社会里，呈指数级增长的信息面前，我们的心力太涣散。爱比鄙视需要更多的心力。每个人都会在一些场景下有鄙视，不论显性的或隐性的，有意识的或无意识的，尤其在我们处于心力稀缺状态的时候。鄙视就在我们的身边，在美国的种族间，在印度的种姓间，在中东的宗教间。比如要理解日本就需要理解它的文化中鄙视和反鄙视的怪圈。[62] 国内之前有一些社会现象，往往被总结为仇富。其实老百姓们愤慨和反对的都不是富，而是少部分人由富带来的鄙视。

而另一方面，即使付出代价，也要对鄙视说不，正是人类独有的最可贵的品质。想想那些最伟大的人，马克思、甘地、曼德拉等，他们的毕生事业都是在反对鄙视。

爱和鄙视都是人与人之间的关系。最大的区别在于，爱的关系是直接的"人—人"关系，而鄙视关系总是要通过物的，是"人—物—人"关系。鄙视总是需要一个逻辑：我有它，你没有它，所以我鄙视你。正因为鄙视不是天然的，我们总是需要去找一个理由。

然而大美是绝对的，因此它已经脱离了因果。老子说："天下皆知美之为美，斯恶已；皆知善之为善，斯不善已。"[63] 同样地，《大话西游》中的台词："爱一个人需要理由吗？不需要吗？需要吗？真的需要吗？"真正的爱脱离了因果，不需要理由。爱就是一个直接的"人—人"关系。我爱他，不需要讲逻辑。

被爱的感觉

自我决定理论是近年来兴起的一个有实证基础的关于人类动机和人格的研究框架。理论的核心观点是：自主感、胜任感和归属感是一个人最重要的三种基本心理需要。自主感是指个体能感知到做出的行为是出于自己的意愿的，是由自我来决定的，即个体的行为应该是自愿的且能够自我调控的。胜任感是指在个人与社会环境的交互作用中，感到自己是有用的，有机会去锻炼和表现自己的才能。归属感是指感觉到关心他人并被他人关心，有一种从属于其他团体的安全感，与别人建立起安全和愉快的人际关系。动机的能量和性质取决于这三种基本心理需要的满足程度。自我决定理论认为，三种基本心理需要如果得到满足，会促进从外在动机向内在动机的转化。反之，若三种基本心理需要，特别是自主感得不到满足，原有的内在动机也可能会转为外在动机。

让我们来引述一个经典的例子：一群孩子在一位老人家门前嬉闹，叫声连天。几天过去，老人难以忍受。于是，他出来给了每个孩子25美分，对他们说："你们让这儿变得很热闹，我觉得自己年轻了不少，这点钱表示谢意。"孩子们很高兴，第二天仍然来了，一如既往地嬉闹。老人再出来，给了每个孩子15美分。他解释说，自己没有收入，只能少给一些，15美分也还可以吧。孩子仍然兴高采烈地走了。第三天，老人只给了每个孩子5美分。孩子们勃然大怒："一天才5美分，知不知道我们多辛苦！"他们向老人发誓，他们再也不会为他玩了！

孩子原来是为自己玩（有自主感，嬉闹既是过程也是目的，是自我决定的）；如果老人出来制止他们，孩子们很可能会想："凭什么啊，偏不！"于是玩得更带劲了。然而当他们心满意足地接受了老人的奖励，内在的部分就逆转了。为了拿奖励（外部奖赏，而非自我决定）来嬉闹，自主感减少，嬉闹成了一种表演。而表演不是发自内心的，只是为了获得报酬。这时内在动机就转化为外在动机了。为别人表演原本就很累，对方居然随意地降低酬劳，难怪孩子们要发怒了，以至于再也不会为他玩了。自我决定论的深刻之处在于，不仅考察奖励与否，还考察奖励是否满足了内在心理需要，从而促进或阻碍内在动机的形成。[64] 就这样，原本是正效用的嬉闹，在物质激励之后，变成了负效用的雇佣劳动。环境没有变，行为也没有变，仅仅是动机变了。福祸苦乐，一念之差。

同样的道理在马克·吐温《汤姆·索亚历险记》中有精彩的描写："英国有钱的绅士在夏季每天驾着四轮马拉客车沿着同样的路线走上二三十里，他们为这种特权竟花了很多钱。可是如果因此付钱给他们的话，那就把这桩事情变成了工作，他们就会撒手不干了。"[65] 汤姆·索亚的小伙伴们为什么可以愉快地甚至付费去替汤姆做刷墙的工作，其实正是因为他们在过程中收获了自主感、胜任感和归属感。

有这样一个关于教育的故事，可以说是展示自主感、胜任感、归属感的完美例子：苏伽特·米特拉说，他发现再无知的孩子也能自我学习，并且学习得很好。当时他买了一台昂贵的电脑，不允许他4岁儿子触碰。当他操作电脑时，孩子只是站在身后。但有一天，当他找不到某个文件时，他的儿子告诉了他操作的方法。他由此开始探究孩子身上发生的这种令人吃惊的现象。1999年，他在自己位于新德里实验室大楼外墙的墙洞里放了一台连接着互联网的电脑——那面墙面对着破败不堪的贫民窟。从未见过电脑的穷孩子们蜂拥而至，在得到可以触摸电脑的许可后，他们很快学会了如何上网。他们甚至教会了米特拉如何将Word文档中的字体变成彩色的。他反复在各个地方做此实验，并对这些实验结果的期望逐渐提高。2006年，他来到南印度一个说泰米尔语的偏僻村落，并将电脑留在了这里。和此前能上网的电脑不同，这个电脑还载满了关于基因的英文论文。他告诉孩子们这些文档很重要但连他都不明白是什么意思，然后就离开了。当他回来时，他并不惊讶那些孩子嚷嚷着说他们什么都没弄明白，直到一个12岁的女孩举起手说："除了知道错误复制的DNA分子会导致遗传疾病，我们什么也没明白。"这个实验结果让他激动，他紧接着在这个实验中加入了这样一个元素：来自成年人的鼓励。在这个热带贫穷的村落中，这个角色由一个完全不懂科学的 22 岁女孩扮演，她所做的只是在孩子们做出点什么的时候说："你真是太棒了，我在你这个年纪完全不知道要这么做。"实验一段时间的结果是，这群零基础的孩子在做标准化生物考试的时候，成绩能赶上新德里私立贵族学校的孩子们——后者可是由有着专业水平的生物学老师负责教学的。

当前教育的核心问题在于，在学习的过程中，学生有没有感到被爱。作为一个教育者，要做的是去领略孩子的美，努力地去守护和成就他们的美。不论是好孩子、坏孩子、乖孩子、熊孩子，每个孩子都有他自己的美。现在教育的一个弊端在于对孩子过早地差别对待。成绩好的孩子和成绩差的孩子甚至从小学起就被分班，系统化地差别对待。乖孩子和熊孩子很早就体会到老师不同的态度和预期，由此产生不同的自我心理预期。有些老师对孩子们的爱不是普遍的，而是有差别的。而且如果教育者自己觉得工作是负效用的，那么学生必然被他感染而觉得学习也是负效用的。

优秀的企业管理者让员工感到被爱，优秀的教育者让学生感到被爱。

回忆爱的定义：领略她的美、守护她的美、成就她的美。义的定义：自信、自尊、自强。自主感和自信相通，归属感和自尊相通，胜任感和自强相通。

其实，自主感是被领略了自己的美，归属感是被守护了自己的美，胜任感是被成就了自己的美。自主感、胜任感和归属感，说到底就是被爱的感觉。

*

在没有自主感的关系中，纵使他对她表现出万般宠爱，她也没有被爱的感觉。更常见的自主感缺失的情况是他把她当作金丝雀宠养，而她却感觉不到爱想要挣脱，比如安娜·卡列尼娜和《玩偶之家》中的娜拉。[66]

*

没有胜任感的关系是，当一个人对自己在一段关系中的角色很不自信的时候，缺乏胜任感的他即使被呵护备至，仍然会缺少被爱的感觉。而更常见的是在生活中妻子成天唠叨丈夫没用，丈夫由此感觉没有胜任感。引用一个武志红讲过的例子:"张先生说,他每次一讲话,妻子就会打断他,对他妄加评论,这让他很难受。譬如,约半年前,公司准备提拔几名中层经理,他也在列。当天一回到家,他就告诉妻子这件事情。但妻子还没听完就打断他说:'得了吧,你人缘那么差,那么不会处理人际关系,你能被提拔才怪了。'"[67]在日常生活中,这样的例子比比皆是。

*

《亲密关系》(第5版)中写道:"归属需要使'我们与觉得和自己有关联的人的正常社会交往'变得必不可少。为满足归属需要,我们努力和他人建立和维持亲密的人际关系,我们还期待与那些了解、关心我们的人交往和沟通。个体需要的亲密关系无需太多,几个便可。归属需要得到满足后,我们建立其他人际关系的内驱力就会降低(因而人际关系的质量比数量更重要)。归属需要和我们伴侣的身份、地位并无多大关系,只要他们能给予我们持续的关爱和包容,我们的归属需要就能得到满足。"[68]网上有篇文章说,女人最怕的是三样东西:黑暗、绝望和时间。归属感就是有一个让你对这些都不再害怕的人。归属感就是当郭靖说:"用不着说。我不能没有她,蓉儿也不能没有我。我们两个心里都知道的。"[69]

美丽人生是有常中有无常，无常中有有常。什么是浪漫？浪漫就是给你的爱人有常中的无常，比如"惊不惊喜，意不意外？"和无常中的有常，比如"我在这里等你"。

长期均值的幸福感

幸福有这么三层境界：第一层是猫吃鱼，狗吃肉，奥特曼打小怪兽；第二层是面朝大海，春暖花开，关心粮食和蔬菜；第三层是应无所住，而生其心，如是布施。

林语堂说，人生幸福，无非四件事：一是睡在自家床上；二是吃父母做的饭菜；三是听爱人讲情话；四是跟孩子做游戏。这是关于幸福感的最贴切的描绘。

*

人的幸福感，几乎全部来自感受自己和他人的关系。

乔纳森·海特在《象与骑象人》中写道："在影响一个人幸福与否的所有外在因素中，最重要的因素就是人际关系的好坏及多寡。"[70] 而我的说法比海特的说法还要更绝对一些，因为在他的书中，影响幸福的外在因素还列举了噪声、通勤等，而我认为那些完全不值一提。

马克思说过，人是一切社会关系的总和。[71] 首要的是人和自己的关系。其次是和最亲近的人的关系，然后再外延出去。千万不要忽视第一点，和自己的关系。许多人之所以抑郁、焦虑，本质上是因为他对待自己和他人有双重标准，对自己太不友善，和自己的关系太差。

在语言中，一个单词出现的频率与它在频率表里的排名成反比。[72] 类似地，幸福感的一半取决于你和自己的关系，四分之一取决于你和家人的关系，八分之一取决于你和同事的关系，十六分之一取决于你和密友的关系……这样的分布主要是由交互的时间和频次决定的。当你和他在一起的次数越多、时间越多，跟他的关系对你的幸福感影响就越大。

与自己关系越密切的人，对自己的幸福感的影响就越大。影响幸福感的因素的重要性就这样以自己为中心往外梯度递减。这样的由己外推的梯度网络，很像费孝通讲的中国传统家族的差序格局[73]，也像费正清描述的传统中国的世界秩序[74]。虽然社会中财富的分布可能是非常不均的，而梯度的幸福感网络，却使得不论富贵贫贱，幸福感的体验差不太多。在这个意义上，社会终究还是蛮平等的。子曰："不义而富且贵，于我如浮云。"

人生要有幸福感，无非三件事：珍爱身边人[75]、珍爱枕边人、珍爱自己。

*

汪丁丁在《行为经济学讲义：演化论的视角》中写道，有些经济学家用享乐主义的效用来理解幸福感："界定术语的时候，他们视享乐主义的效用与'幸福'等价，在这一基础上，享乐行为表现出下述的四项特征：（1）当突然降临的享乐延续并成为可持续的享乐时，它的效果随时间递减并成为习惯了的生活方式，这一特征可称为'习惯形成'；（2）一个人从经济的成功所能感受的幸福依赖于他可以参照的同伴们的成功程度，这一特征可称为'相邻比较'；（3）幸福感依赖于以往的经验和由这些经验形成的幸福预期，这一特征可称为'历史依赖'；（4）虽然幸福感时起时落，但它倾向于回归到一个长期且稳定的水平，这一特征不妨称为'长期均值'。"[76]

经济学家的问题在于把我说的幸福感和鄙视焦虑的缓解混为一谈。这个社会里大家都挺焦虑。焦虑主要是源于对被鄙视的恐惧。当经济学家说幸福感倾向于回归到"长期均值"，即长期且稳定的水平，这也是我说的幸福感，它是由和人的关系决定的；而那些短期存在的幸福感，比如"相邻比较"，即一个人从经济的成功所能感受的幸福感依赖于他可以参照的同伴们的成功程度，本质上则不是幸福感，而只是鄙视焦虑的暂时缓解，即将被新的甚至也许是更深的鄙视焦虑所取代。

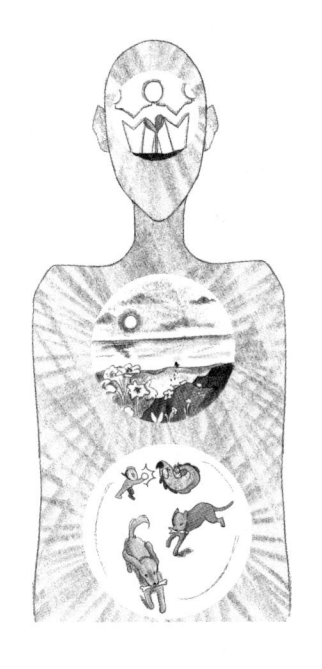

幸福有这么三层境界：第一层是猫吃鱼，狗吃肉，奥特曼打小怪兽；第二层是面朝大海，春暖花开，关心粮食和蔬菜；第三层是应无所住，而生其心，如是布施。

相 爱

择偶不是购物,也不是拼图

人们在择偶中常有的一种心智模式是购物。这种心智模式带来的最大的问题还是物化。物化是一切不道德的根源。我引用某本书中的一段话作为在购物的择偶心智模式下把人给物化了的典型例子:"这种后现代观念还解释了为什么在当今中国社会里,一个老姑娘会比一个离婚女人承受的压力更大:从消费的角度来看,一个老姑娘更像是个无人问津的商品——这是消费社会中最大的失败;而相比之下,一个离婚女人不过是一个被用旧的商品罢了——至少,她被消费过。"[77]我用八个字形容这种物化女性的说法:振振有词,不知廉耻。

在婚姻市场中,鄙视是普遍的。每一列条件(收入、身高、学历、相貌等）都已经形成了完美的鄙视链：一个人要和有钱人结婚，是因为他可以因此鄙视他的朋友们；他不能和不俊美的人结婚，因为担心会被朋友们鄙视。婚姻市场中有一条条鄙视链，满满的全是鄙视。《婚姻的意义》一书中写道："结果，当代人的约会变成一种极其拙劣的自我推销过程。你必须漂亮或有钱才能约会，才能找到伴侣或配偶。而你想找个漂亮或有钱的伴侣，是为了维护你的自尊。"[78]

购物的模式发展到极端，或者是永远的待价而沽，或者是彻底物化的"集邮"。[79]集邮者只有收集的贪欲，把对象的特质更抽象化到单薄得像邮票，而他自己也许再也不会爱了。

*

我把还有一种心智模式称为拼图式。拼图的心智模式是说我们每个人都是不完整的，都在等着遇到那个刚刚好的另一半，然后两人拼成一块完整的。柏拉图在《会饮篇》中写道："所以我们每人只是人的一半，一种合起来才见全体的符，每一半像一条鱼剖开的半边，两边还留下可以吻合的缝口。每个人都常在希求自己的另一半，那块可以和他吻合的符。"[80]

拼图者往往都善于延迟满足。他们常常被误解为完美主义者。其实他们期待的不是一个完美的人，而是那个只对他们来说是完美的另一半的人。

拼图式的基本假设是，总有那么一个刚刚好的人，来帮助你这个不完整的人成为完整。首先，你不完整。其次，他帮助你完整。

然而发生这种情况的概率为零。

有一个流传很广的段子：米尔顿·弗里德曼的侄子给他写信，说为女朋友要放弃事业，因为她是他一生中唯一最爱。弗里德曼回信说：这是你自己的决定，但如果你真觉得她是你唯一最爱的话，我以一个统计学家的身份告诉你，世上两个唯一最爱的人相遇机会是零，茫茫人海，你们在有限生命里不可能遇见对方，所有人都只是在自己身边找一个相对合适的人结婚，只是有的人运气好，有的人运气不好。

弗里德曼反驳的就是这种拼图式的心智模式。

拼图模式有一些心理学的解释，大意是弗洛伊德式的移情。武志红写过："恋爱是一种特殊的选择。其实，我们无意识中都将恋爱当作了治疗，目的是修正我们童年的错误，其表现就是，恋人多数时候都是我们选中的理想父母。现实父母或多或少让我们不满意，我们心中都藏着一个理想父母的模型，它是我们选择恋人的基石。……恋爱的蜜月期，恋人会扮演彼此的理想父母，因为我们潜意识中都会知道对方需要什么。但是，等蜜月期过后，两个人的距离近到不能再近时，我们就会将恋人当作现实父母，以前对现实父母的那些不满，现在会转嫁到恋人的头上。而且，在转嫁时，我们就是一个蛮不讲理的孩子。恋人越爱我们，我们越不讲道理。"[81]

人们由着童年的记忆和对理想父母的憧憬勾画出那块拼图模糊的样子，然后有意识或者无意识地按图索骥。然而，理想的那块拼图在现实中是不存在的。

拼图模式最大的问题是有一种等待他助的心态：我承认我是不完整的，我期望遇到他之后就完整了。[82] 这种期望只能以失望告终。每个人的完整最终只能靠自己，而且反过来说，一个自足自在的人更可爱。

*

和拼图模式有点类似但程度较轻的是相像模式。人们试图找一个像自己的精神配偶,或者称为灵魂伴侣。《亲密关系》(第5版)指出:"在某种程度上,人们似乎是在和幻想中的伴侣(把伴侣刻画成类似于自己的精神配偶)结婚——他们爱上的是另一种人,而却认为自己的伴侣就是这种人——当他们真正了解彼此在很多方面存在严重分歧时,或许会很失望。"[83]

择偶不是购物,也不是拼图。

缘分天注定吗

择偶的过程中还有一种心智模式是天定。典型的例子是电影《大话西游》里的紫霞相信天定的最大。

我把天定和拼图做一个区分。拼图假设了自己的不完整，要遇到另一半来完整。天定并没有这个要求，只是相信遇见那么个人是天定的安排，有点玄学的气息。天定强调遇见，越是偶然的遇见越是彰显天意，比如美国电影《缘分天注定》。而拼图则是按图索骥的寻找。

文学影视作品尤其喜欢天定，无巧不成书嘛。刘瑜说"上帝给了每个人一个偶然性的监狱"[84]，而天定的故事就是"越狱"的故事。曾经的电脑游戏《仙剑奇侠传》中有两句卜辞："魔非魔、道非道，善恶在人心；欲非欲、情非情，姻缘由天定。"天定的心智模式也带来了各种追星狂和跟踪狂。

当一个人相信了天定，另一个人就成了他的信仰，而信仰是没有常设的退出机制的。人生自是有情痴，此恨不关风与月。

我不否认天定。引一段卡尔·荣格的文字："这种假设蕴含了我所谓的同时性此种相当怪异的原则，这种概念所主张的观点，恰与因果性所主张的相反，后者只是统计的真理，并不是绝对的，它是种作用性的臆说，假设事件如何从彼衍化到此。然而同时性原理却认为事件在时空中的契合，并不只是概率而已，它蕴含更多的意义，一言以蔽之，也就是客观的诸事件彼此之间，以及它们与观察者主观的心理状态间，有一特殊的互相依存的关系。"[85]

但是，尽管这世界上可能有天定，而且甚至你被天定了，你自己是不能知的。天意是你没有能力揣测的。天意是不可

03 相 爱

证伪的非科学。你不能试探天，不可试探主——你的神。

你所能确定的，只有你的心动了而已。天定论者最常见的问题就是，自己心动的同时，以为对方也被天定了，会对自己心动。而以为对方也天定了的这个"以为"，其实是主观上限制了对方的自由。他于是进入了一个"我要我要我还要"的花痴模式，忘记了对方是一个自由的人。

在实际生活中，自觉感受到天定的一方往往会随着强烈的心动，天意壮怂人胆，追求得操之过急；而被追求方则由于不在同一心智模式上，会不理解甚至感到厌烦。《大话西游》中至尊宝对紫霞也是在最后才理解的。双方都能感受到天定是极小概率事件。即使那样，人生无常，又福兮祸兮。

常伴随天定模式的另一个问题是僵化的宿命观念。"宿命观念从僵化呆板的角度来看待亲密关系：如果伴侣双方注定要幸福地生活在一起，那么在相遇的那一刻他们就知道了，他们不会碰到任何疑惑或困难，一旦两个梦中情人相遇，就必然有美满的未来。"[86] 相信宿命的人从天定的那一刻起便不再努力。他们按前面描述过的到达的心智模式那样,相信童话故事的结局:从此,他们过上了幸福的生活。而实际上他们变成了鸵鸟,"由于相信伴侣不会改变,真爱天注定,他们就不会设法去解决问题,而只是逃避问题,他们更愿意结束不幸福的亲密关系,而不是努力去修复亲密关系"[87]。

*

伴随着复利心智模式的是成长信念。成长信念认为,幸福的关系是努力和付出的回报。如果伴侣一起努力战胜挑战、克服困难,良性的亲密关系就能逐渐建立起来。其基本假设是:只要努力付出,几乎任何亲密关系都能取得成功。[88]

莫罗阿《人生五大问题》中写道:"丈夫与妻子都当对自己说:'这是一部并非要写作而是要生活其中的小说。我知道我将接受两种性格的异点。但我要成功,我也定会成功。'假如在结婚之初没有这种意志,便不成为真正的婚姻。"[89]人对于婚姻的信念或受到周边的参照尤其父母间关系的影响[90],但终究是源于自己的心。

进化是世界的最基本规律。如果不主动地自我成长、更新、迭代，是不能很好地适应婚后的生活的。爱是彼此成就，婚姻是协同进化。

人生操作系统的兼容

我在《了不起的学习者》中写道：学习是需要心力的。有些人之所以不爱学习，主要是因为心力不足，缺少学习所需要的心智能量。当一个人拥有充足的心力时，学习是可以自发地、自觉地产生的。和学习有关的心力最重要的有三种，可以称之为开心力、关心力和定心力。

合适你的那个人就是当你和他在一起的时候，你可以感觉到心力在补给。也就是说，他是那个让你开心、关心和定心的人。打个比方，这就好像在游戏里，如果你和他待在一起，你们互相可以把血给回满。反过来说，如果你和他在一起没有那么开心，或者你对他没有那么关心，或者和他在一起的时候你还是不能定心,那么他很可能不是你要找的那个人。

*

很多朋友都说婚姻对象应该要求三观一致。这是有道理的,但是问题在于这个要求缺乏可操作性。两个人的三观,即世界观、价值观、人生观是否一致,是很难说清楚的。当两个人生长在同一个时代的同一个社会里,影响他们的迷因[91]大体是相似的,因此他们的观念和取向也是趋同的。人们对于什么是美、什么是善,有着相似的价值判断,希望人生有意义,都祝愿世界和平。极少会有两个人的三观不一致到会颠倒善恶美丑。如果用数学来描述,两个人的三观总是正相关的,只有程度的差别。而如果两个人的三观完全一致,也就是说相当于找到了一个镜像的自己,又必然是好事吗?也不见得。

如果用计算机来比喻人,比三观更实际的是看每个人的底层操作系统。在计算机术语中,操作系统的主要功能是资源管理、程序控制和人机交互等。对于人来说,资源包括很多方面，其中可量化的部分中最重要的是财富，不可量化的部分中最重要的是心力；程序控制在人的层面来讲包括自控力、习惯养成、压力缓解等；而人机交互，自然就对应了人际关系方面。

我们在日常生活中面临的种种决策一般都是在底层操作系统之上的应用层。这就好比说我们平时在手机上点开的是应用软件，极少会直接面对操作系统。前面提到心智模式，这里讲到人的操作系统。可以说，人的底层操作系统是他的所有心智模式的总和。[92]

*

阿尔弗雷德·阿德勒在《自卑与超越》中写道："婚姻关系并不是神秘不可测的，因为他们对待婚姻的态度已经从他们的人生态度中反映了出来。所以只有全面了解一个人，才可以知道他对婚姻的态度，这和他人生的追求是相一致的。比如，我能够明确指出那些被宠坏的孩子对待婚姻的态度——当遇到问题时，他们总在千方百计地逃避。"[93]

在择偶的时候，操作系统比应用层更重要。她能歌善舞，他体育特长，这些都是应用层的事情。当她选择不买包包，拿钱去买潜水装备，这个资源管理的选择便是由她的操作系统决定的。而他像篮球运动员科比一样勤奋，每天看见早晨四点的洛杉矶，也反映了他的操作系统的程序控制。我们年轻的时候爱慕的多是对方在应用层的绚丽，而真正陪伴和影响你一生的是配偶的底层操作系统。

如果两个人有不同的宗教信仰，比如一个人相信上帝创造世界，另一个人相信世界由进化而来，可以说他们的世界观不同，但是这对于他们的婚姻往往并不造成致命影响。使婚姻走不下去的原因是两个人的操作系统不兼容。

当我说两个人的操作系统基本兼容，是指大部分的应用都可以在两个操作系统上运行，而且运行得出的结果不会差太远。每一个应用，都需要人提供资源，比如财富或者心力。如果他不愿意为之提供资源，那么这个应用在他的操作系统上就运行不起来，比如花费钱和时间去非洲旅行，或者她想要件花衣裳而他就是不愿意买。如果他缺少相应的程序控制，不能为某个应用提供必要的自控力等,那么这个应用也运行不起来,比如晨跑。更极端一点的例子,缺乏合适的程序控制的他可能会去酗酒和吸毒。

两个人之间的很多分歧乍看起来是在具体应用层面上的,但是往下深究,还是因为两个人的操作系统不完全兼容。当操作系统兼容的时候,比较容易建立默契,系统比较流畅和舒服;而不兼容的时候,就会有类似旧手机或者电脑卡顿甚至宕机的那种感觉。两个人吵到鸡飞狗跳然后互不搭理,相当于操作系统的不兼容造成了系统蓝屏。如果两个人的操作系统极度不兼容,那么在一起恐怕会沦为冤家,相爱容易,相处太难。

*

傅雷在家书里写道:"首先态度和心情都尽可能的冷静,否则观察不会准确。初期交往容易感情冲动,单凭印象,只看见对方的优点,看不出缺点,便是与同性朋友相交也不免如此,对异性更是常有的事。""其次,人是最复杂的动物,观察决不可简单化,而要耐心、细致、深入,经过相当的时间，各种不同的事故和场合。处处要把客观精神和大慈大悲的同情心结合起来。对方的优点，要认清是不是真实可靠的，是不是你自己想象出来的，或者是夸大的。对方的缺点，要分出是不是与本质有关。与本质有关的缺点，不能因为其他次要的优点多而加以忽视。次要的缺点也得辨别是否能改，是否发展下去会影响品性或日常生活。人人都有缺点，谈恋爱的男女双方都是如此。问题不在于找一个全无缺点的对象，而是要找一个双方缺点都能各自认识，各自承认，愿意逐渐改，同时能彼此容忍的伴侣（此点很重要。有些缺点双方都能容忍；有些则不能容忍，日子一久即造成裂痕）。最好双方尽量自然，不要做作，各人都拿出真面目来，优缺点一齐让对方看到。必须彼此看到了优点，也看到了缺点，觉得都可以相忍相让，不会影响大局的时候，才谈得上进一步的了解；否则只能做一个普通的朋友。"[94]

傅雷此处说到要去观察对方的优缺点，并不是以购物的心智模式在挑肥拣瘦，而是指要观察双方的操作系统的兼容性。一个人眼中的对方的缺点，往往只是对方不兼容自己的操作系统的地方。"尽量自然，不要做作，各自认识，各自承认，同时能彼此容忍缺点"，便是要去努力认识双方操作系统的差异并使之兼容。傅雷同时还强调了双方要愿意逐渐改缺点，恰是前面讲到的成长信念。双方觉得都可以相忍相让，不会影响大局的时候，也就是操作系统基本兼容的时候。这时才谈得上进一步，否则只能做普通的朋友。

恋人分手时最常见的理由是"性格不合"。所谓性格不合，其实正是说两人的操作系统不兼容。这个社会的分手和离婚越来越多，是因为随着人们越来越追求个性，自身的兼容性变得越来越差。傅雷说相忍相让，《圣经》里讲爱是恒久忍耐，忍是提高自身兼容性的法则。

如果必须要列出几条择偶的标准，傅雷写道："我觉得最主要的还是本质的善良，天性的温厚，开阔的胸襟。有了这三样，其他都可以逐渐培养；而且有了这三样，将来即使遇到大大小小的风波也不致变成悲剧。"[95] 显然，傅雷也是从风控的角度来思考的。

最后，关于择偶过程中外表的重要性，我只想说：

其实我们绝大多数人都很看重内在；但是我们绝大多数人的内在都还没有精彩到足以让别人因此忽视我们的外表，就好像我们绝大多数人都还没有努力到可以拼天赋的地步。

合适的先验期望是遇到一个普通人

择偶是一个贝叶斯决策过程。

贝叶斯是一位18世纪的英国数学家,在统计学中有一个以他的名字命名的贝叶斯学派。贝叶斯学派在做统计决策时要考虑两方面:一是当前的数据所提供的信息,二是历史上对此类事物的认识和经验。通常人们在做决策的时候,会不自觉地利用历史或者他人的经验,这个过程就是在使用先验信息。

在概率统计的入门课程里有一个著名的贝叶斯公式。有人由此来解释择偶中的条件概率的关系:你喜欢他不代表他就会喜欢你，还要看他和你分别有多么受人欢迎。如果他很受欢迎，而你很不受欢迎，根据贝叶斯公式，虽然你很喜欢他，他还是不太喜欢你。这个贝叶斯公式的应用听起来有点像那么回事，但其实是经不起细究的。我在这里想说的贝叶斯决策不是这些。

当我们做贝叶斯决策的时候，一般会先根据历史经验主观地给出某个先验概率，然后根据数据的似然度，计算得出后验概率，基于后验做决策。后验是同时吸纳了主观的先验信息和数据似然的信息。

似然度在英文中叫likelihood，因为like这个词本身兼有喜欢和相似的意思。类似地，让我们定义在择偶过程中的likelihood是两个人在交往过程中彼此喜欢的程度。请允许我接下来把婚恋语境下的likelihood称为"喜然度"。在遇到他之前，我们对于自己的理想配偶有一个期待，这个期待本身可以理解为一个在多种特征上的概率分布，也就是先验。先验的形成来自许多方面，包括个人的偏好、家里的影响、社会风气的影响、上段恋情的经验和教训等。

后验取决于两个方面：先验和喜然度。举个例子，在遇到合适的他之前，她可能梦想的是高富帅，也就是说在高、富、帅这三个维度上的先验概率分布是比人群总体的分布更偏右的，也就是说期望是超过平均水平的。然而在遇到了怪物史莱克之后，她却疯狂地爱上了他。这个时候喜然度的值很大，相比先验分布起到了更具压倒性的作用，于是在后验阶段决定嫁给他的时候，不帅也没关系呀。再比如国内相亲角的那些大叔大妈们是在那里做什么呢？有人可能觉得他们在那里为子女的各种条件挑肥拣瘦，有点俗不可耐。其实他们做的是关于先验信息的比对和沟通，如果先验算出来概率太小，后验也确实希望不大。

先验和喜然度之间的辩证关系有着文化的背景。在当代西方，政治正确的态度是特别重视喜然度，而几乎完全忽略先验。好莱坞电影中的经典故事大都如此：只因为在人群中多看了一眼，瞬间坠入爱河，抛掉看起来门当户对的现任，奔向喜然度爆棚的新欢。而作为相反的重视先验而忽略喜然度的例子，可以看一看中国古代的包办婚姻。两个人在婚前可能都没见过面，喜然度为零。全凭家长和媒人根据社会地位、财产、家世、职业、生辰八字等先验信息做出判断。

没有爱情、单凭先验的结合，是对当事人双方的不人道。而为了爱情可以不顾其他所有一切的做法，看起来是勇敢，但是这种完全忽略掉先验信息的做法，在某些情况下也许是愚蠢。我相信在绝大多数情况下，这两边的因素是在同一个数量级上的，不像电视剧中演的那么极端。从贝叶斯学派的角度，我的结论是先验和喜然度都很重要。

喜然度这个函数可以非常复杂，往往不可导、不连续，所以后验总是不一定的，也许会和先验相差很远。

*

那么什么样的先验是合适的呢？

贝叶斯分析的实践带来了一个重要的启示：在我们考虑先验的时候，最合适的先验往往是一个普通正态的先验。[96]在遇到这个人和他交往产生喜然度的数据之前，我们脑中的关于择偶的先验分布最好是居中正态的。正态的英文词是normal，也是普通、正常的意思。换句话说,最合适的先验期望是遇到一个正常的普通人。

为什么实战中选用正态的先验呢?主要是可以帮助模型在有限的时间内收敛。在择偶的过程中,如果你有一个正常的先验,期待一个正常的普通人,那么你的训练模型可以在有限的时间内收敛,也就是说可以在合适的年纪找到对象。如果你的先验是极端的,特别希望他能驾着七色云彩出现,那么也许你会等到这个不平凡的他,但问题是也许在有限的生命内收敛不了,"注孤生"。类似地,先验一般不要设硬性的边界,比方要求对方的学历必须是博士,因为硬性的边界设多了也难以收敛。

当我说正常的普通人,普通这个词绝对不是贬义。normal在这里是中国文化传统中的中庸之道,子曰"中庸之为德也"[97]。亲爱的读者,你和你的身边都是普通人,就像我和我的身边也都是普通人。身为普通人的我们,优点和缺点就像收支平衡表的两边,大抵是相等的。而且常常某个特征在被记为优点的同时,在缺点的那一栏中也得记上一笔。有时候我们看到某个人的优点远多于缺点,或者反过来,那其实都是因为我们的感情冲动,在收支平衡表上漏记了。多少人在婚后才发现的对方的缺点,恰是恋爱时所钟情的特点的另一面。歌德写过:"凡是让人幸福的东西,往往又会成为他不幸的源泉。"[98]

在一段互益的关系中,一个人的特点可能会慢慢地往均值回归。比如说:一个女生可能之前很内向,但是在一段有益的亲密关系中会慢慢变得开朗起来;一个男生可能之前大大咧咧,也会因为一段有益的亲密关系慢慢变得细腻温柔。于是我有一个猜想,如果在亲密关系中,一个人发展得更加极端,那么这段关系也许本身就有问题。如果一个内向的人感觉到自己和对方交往之后变得更压抑和封闭,或者一个暴躁的人变得更易怒,那么这段关系可能不合适吧。

吴清源说:"我的理想是'中和'。所谓'中',在阴阳思想中,既不是阴也不是阳,应该是无形的东西。无形的'中'。成形的时候表现出来的就是'和'。"[99]从贝叶斯决策的角度来看择偶的过程,理想的情况也正是中和。先验的"中"和喜然度的"和",最终成为后验的"中和",幸福地过一生。

长期单恋使人落后

心动，从生理上来说大致是大脑的多巴胺分泌了一下。

心动是个很简单直接的过程，不由意识控制。每个人每次心动的时候都是自知的。如果你不确定自己有没有心动，那就是没有心动。人一生中会对不止一个人心动，每次心动的程度有强有弱。这里说的心动就是刘瑜笔下的crush："crush的意思，这么长，这么微妙，我一直没有找到一个合适的中文词来翻译。'心动'似乎是一个很接近的译法，但是'心动'与'crush'相比，在感情强度上更微弱、在时间上更持久，而且有点朝恋爱、婚姻那个方面够的雄心。crush则不同，它昙花一现，但是让你神魂颠倒。我觉得crush是一个特别实用的词语。它之所以特别实用，是因为我意识到，其实人生体验中的大多数'爱情'，是以'crush'的形式存在的。如果让我掰着指头数，我这30年来到底真正'爱'过多少个人，那恐怕绝对不超过三个。但是如果让我想想，自己曾经对多少人有过crush，那就多得，这个这个，反正我都不好意思数了。"[100] 有时候你crush的人会吓你一跳，因为他也许是某些按照你原先的评价标准不会予以考虑的人。[101]

如果和一个你完全不曾心动过的人结合，相信我，未来有一天你一定会感到后悔的。因为在没有一丝天定的神秘感之后，你所有和他结合的理由都是世俗的。

而所有世俗的理由都是苍白的，是经不起质疑的。

*

然而彼此心动往往是蛮难的。常见的是你对他心动，而他却无动于衷。

如果说心动是天定的，天只是定了你对他心动；至于他会不会对你心动、你们最终会不会在一起,天没有说,也不会告诉你。

单恋是非常普遍的现象,可能每个人在一生中都至少作为其中的一方经历过。有的单恋最终修成正果,更多的单恋无疾而终。我在这里并不想探究单恋方和被单恋方的心理动机,而只想问一个问题,短期的单恋在所难免,为什么有些朋友愿意长时间处于单恋状态中呢?答案看起来很简单:因为即使是单恋,也好过生无可恋。单恋并不是世界上最坏的状态。单恋的人是无私的,他愿意付出,甚至可能在被自己的这种意愿感动着。他的生活并不空虚,因为他不断地在关注着心仪对象的动态。他甚至可能被这单恋的目标驱使着去改变自己,努力变得更好。

*

但是,选择长期单恋的朋友不明白爱的复利的意义。前面说过,爱能产生复利是由于爱可以而且本该是一个正反馈的过程。他的爱激发更多对方的爱,对方的爱又激发更多他的爱,如此循环往复,生生不息。单恋则是在这个本该生生

03 | 相 爱

不息直至终老的过程中，只迈出了头0.5步，便戛然而止。单恋的朋友选择停在这里，反复地叩击不会打开的大门，试图唤醒门内那个装睡的人。如果他懂得爱的复利的道理，在他明白对方在装睡的时候，就应该果决地离开，去寻找另一个可以一起建立正反馈过程的人。他可以用这节省下的时间积累更多的爱的复利。

有的时候，选择长期单恋的朋友不仅叩不开他人的心门，他自己的心门也是封闭的。他没有办法和另一个人一起建立爱的正反馈过程。这就是前面提到过的爱无能的状态。爱是一种能力，长期不正常使用便会退化。这就好像把一个人关禁闭10年之后，他说话的能力会退化。选择长期单恋的朋友，长期不在正常的爱的经验中，即使还主观认为自己有爱的能力，其实对爱的感知力也已经在退化。他对被爱的感知变得更麻木，对爱的能动性也变得更迟钝。他以为的爱已经不是爱了，他已经不会爱了。

选择长期单恋的朋友经常面临的一个问题是：还是觉得对方很完美，不舍得放弃，找不到一个理由放弃他。那么我就说一个理由：他在装睡，而且他只是在对你装睡。虽然他在各方面在你看来都是完美的，仅凭这一点，他对你而言也是不完美的。并不是说在装睡的人有任何的不对，每个人都有装睡的自由。而且不仅是被单恋的人在装睡，这个在单恋的人也处于一种自我催眠的状态。这么两个昏昏欲睡的人怎么能建立美好的关系，一起收获爱的复利和终身幸福呢？

你永远都无法唤醒一个装睡的人，那么是不是就完全没有办法了呢？我只想到一个可以试试的办法：如果可能的话，咯吱他，挠他的痒，惹他笑。之后不论如何，至少他曾经因为你笑过。

婚 姻

COMPOUND INTEREST OF LOVE

COMPOUND INTEREST OF LOVE

COMPOUND INTEREST OF LOVE

COMPOUND INTEREST OF LOVE

COMPOUND INTEREST OF LOVE

4

只要在一起，什么都可以

《围城》写道："老实说，不管你跟谁结婚，结婚以后，你总发现你娶的不是原来的人，换了另外一个。"[102]

婚前和婚后的变化，除了有更明确的风控，最主要的是成家后的共同生活。而对于婚姻的不满大多源自此。夫妻俩同吃同住，由于生活习性的差异必然会带来矛盾。大学室友只是同住，也常常会因为作息时间闹矛盾。现在夫妻俩还要同吃，豆腐花该吃甜的还是咸的就足以争吵起来了。即使双方都想要整洁，两个人对整洁的理解可能都不同：一个人强调整齐，另一个重视清洁。

不仅同吃同住，还有财产的共有。在财产作为最主要的共享资源的限定下，两个独立的个人必然有不完全相同的效用函数。一个喜欢看电影，另一个更喜欢打麻将，而金钱观的差异带来问题更多。好像电影《美国丽人》中的一个片段：两口子在沙发上情致正浓，老婆发现手持的红酒杯快要洒了，于是打住。老公很生气，骂道：不就是个破沙发吗！老婆说这是进口沙发，四千块呢。

*

如果是以占有的心智模式形成的婚姻，婚后就进入了工具的心智模式。

《共产党宣言》写道："资产者是把自己的妻子看作单纯的生产工具的。"[103] 在某些地区，把妻子当作生孩子的工具的心态还是存在的。而即使在都市，对某些人来说，配偶的意义也就是半套房。

*

如果是以交易的心智模式形成的婚姻，婚后就进入了博弈的心智模式，或者奖赏和代价的心智模式。

上文已经提到，在共享有限的财产资源的限定下，两个人有着不同的效用函数。如果自私地想分别最大化自己的效用，从经济学上看就变成了一个彼此间的博弈问题，且是反复的多轮博弈。如《共产党宣言》指出的："现代的、资产阶级的家庭是建立在什么基础上的呢？是建立在资本上面，建立在私人发财上面的。"[104] 每天都在进行计量经济学，自己付出了多少，对方又付出多少。如果从夫妻关系中得到的大于付出的，那就赚了；如果付出的多于得到的，那就亏了。

也可以由基于奖赏和代价的相互依赖理论来解释。根据相互依赖理论，人们都想以最小的代价获得最大的奖赏，总是想得到更好的人际交易。每个人都是这样做的。当他们得到一笔不错的交易时，又会怎样做呢？他们会依赖自己的伴侣，不想离开他们。[105]

*

如果是以合股的心智模式形成的婚姻，婚后就进入了协商的心智模式。

婚姻中遇到问题更多的是采取协商的办法。它好像一个协商式民主治理的实践。因为只有两个人，没有少数派和多数派，选举投票的民主当然也不起作用。约翰·罗尔斯在其《正义论》一书中首先就强调："协商式民主概念的定义就是协商本身。当公民进行协商时，他们对相关的公共政治问题相互交换意见，并提出支持理由来为其观点辩护。"[106]

协商式民主的心智模式是比较适合来处理夫妻间矛盾的，但有几个方面请注意。首先是民主的信息功能，在协商的过程中表达自己的选择偏好和理由。许多夫妻间矛盾主要是源自信息的不对称和沟通的不充分。其次是协商式民主的程序化。程序化的意思是协商可以定期或者不定期，但每次不至于太轻率，而且对于大概多大的事情需要协商会有一个共识。

再举一个电影《美国丽人》中的例子：男主角没有跟老婆打招呼就把丰田凯美瑞卖了，换回一辆儿时梦想的1970年庞蒂亚克火鸟经典款老爷车。老婆说："你不是该先问我吗？"

老婆指的就是协商的缺失。

关于具体如何协商,约翰·戈特曼给出了非常好的可实操的建议:"在临床实践生涯中我发现,帮助伴侣解决冲突的最好方法,是每周举行一次'家庭联席会议'。这是一次十分正式的会议,与会双方都要运用情绪协调的技巧,就某一议题阐述观点。"这正是拉波波特法则的应用:"如果你不能陈述对方的观点并且令其满意,就不要妄想说服对方、解决问题或达成共识。若将这套理论搬到婚恋关系中来,就是除非你能说'太好了,你明白我的意思了,这就是我的看法和感受',否则你们将无法通过协商达成共识。要想做到这一点,你们需要轮流诉说和倾听。"[107]

*

然而我们的心力是有限的,不可能事事协商。婚姻中的矛盾往往并非来自大事协商上的纠纷,而是未协商的点滴小事造成的抱怨的积累。

比方说,女人心想,这厮怎么今天又买了豆腐回来,每天都要吃豆腐吗？男人呵呵，不知道状况。男人心想，贼婆娘今天又等老子来刷碗。女人呵呵，没在意。每一个抱怨都是小抱怨，但日积月累也有了抱怨的复利。

国有国法，家有家规，家规是家里的规矩。世人多以为家规是比如吃饭的时候要等老人先动筷子。其实不然。什么是规矩？除了成文的规矩，还有优良传统和工作惯例。看着没有白纸黑字的规定，没有形成条文，但都是一种传统、一种范式、一种要求。[108]

在家庭生活中，除了婚姻法这些，自家很少会有像前面提到的美剧《生活大爆炸》里那样成文的规矩。家规主要就是优良传统和工作惯例。结婚多年的夫妻有了传统和惯例，家规比较清楚；年轻夫妻则需要经过磨合。如果向来都是男人洗碗，工作惯例形成了规矩，那么男人其实也不会再想到为此抱怨。小事的抱怨一般是因为还没有形成规矩。

规矩一般是隐性的，适当的显性表达沟通并加以总结明确或许会更好。男人可以说，以后家里的碗都由我来洗，因为你的手娇贵。人和人之间极少会有沟通过度的情况，从来都是沟通不足。

*

大事靠协商，小事靠家规。然而家里这些大事小事，其实都不重要。婚姻的目的是一起收获爱的复利，其他都不重要。看起来大事小事，其实都不是个事，它们和你的终身幸福基本没关系。

重要的事说三遍。人的幸福感，几乎全部来自感受他和人，以及他和自己之间的关系。换句话说，一生的幸福感主要取决于累积的爱的复利。所以呢，婚姻和家庭生活中遇到这些事，买哪个沙发、晚上吃啥、谁洗碗……都不是个事。在基于长期复利的心智模式的婚姻中，和一起收获爱的复利相比，其他的一切都不重要。

只要在一起，什么都可以。

愿意为彼此服务

《爱的博弈》中写道："轻视是最易发生的情感虐待。"书中举例说："博比的妻子从来不隐藏对他的鄙视。'为什么你就不能做对一件事呢？'博比把车撞得凹进去了一块后，妻子冲他大叫道。博比想换工作时，她骂博比是'疯狂的蠢货'。但是当博比离家出走时，她惊呆了。"[109] 不管你的伴侣使用什么方式交流，如果他暗示你是弱者，那么你被轻视了。不论是频繁的辱骂还是细小的怠慢，盛气凌人的态度都是情感虐待。

在对方诉苦的时候，我们虽然知道应该倾听，但常常会倾向于马上给出观点和建议。约翰·戈特曼写道："经过对白头偕老的婚姻的多年研究，我能确定的是，讲道理并非总是最好的方法。让其他人讲理去，你要做的是让你爱的人知道你站在他（她）的一边。你能理解和接受他（她）的情绪，并认为这些情绪是正当的——因为所有的情绪都是正当的。……理解必须先于建议。我再进一步给你一个警告：如果对方没有问，根本不要给出建议。只要陪着他，倾听就是你能做出的最大贡献。"[110]

*

为什么会有轻视呢？为什么不倾听呢？因为我们没有进入服务的心智模式。

设想一下，如果我是商店的售货员，我会轻视我的顾客，暗示他是弱者吗？如果我是饭店的服务员，当顾客向我抱怨，我会打断不让他说完吗，会着急给出建议吗？我只是站在那里陪着他、倾听他。

《婚姻的意义》里有一段发人深省的话："服侍配偶也意味着尊重。服侍意味着让配偶相信，你会永远接纳对方，永远支持对方，意味着你在其他家人和朋友面前表现你对配偶的忠贞和欣赏。服侍配偶也意味着表达你要努力让对方过得好，过得幸福。当你努力帮助配偶培养各种恩赐并追求属灵成长的时候，就是在付出这种爱。"[111] 因为该书的作者是牧师，所以是从基督教的角度来解释的。

服侍是宗教词汇里服侍主的意思，世俗的我把它改为服务。像教徒服侍主一样的去服侍配偶，请想象一下这种服侍的力量。

我之前写过："企业的目的，或者说商业的本质，是服务。"[112] 甘地说过："除非一个人真正能从服务中得到乐趣，否则这件事没有任何意义。如果只是为了做做样子，或者迫于公众舆论不得已而为之，那反而会阻碍人的成长，且不利于他的心智发展。如果为人服务不是基于愉快的心情，那于己于人都无甚好处。然而，当人们心情愉快地为他人服务时，其他一切欢乐和财富都会黯然失色。"[113]

罗素写道："因此，对于有文化的男人和女人来说，获得婚姻的幸福是可能的，尽管这必须满足许多条件才行。那就是，必须有一种男女双方完全平等的感觉；彼此不得干涉对方的自由；必须有身体和心理上的亲密无间；必须在价值观方面有某种相似之处（例如，如果一方只重视金钱，而另一方则只注重出色的工作，那就是毁灭性的）。有了这些条件，我相信婚姻将是能够存在于两个人之间的最美好、最重要的关系。如果人们至今没有认识到这一点，那主要是由于夫妻双方都把自己看作是对方的警察的缘故。要想使婚姻尽可能完美，丈夫和妻子都必须学会懂得，不管法律怎样规定，他们在自己的私生活中必须是自由的。"[114]

服务的心智模式的重要特点是：我尊重他作为一个人，不会想着去努力改变他。我们不是彼此的警察，而是彼此的服务生。

*

愿意为彼此服务蕴含了相互尊重。当你愿意把他当作你的顾客、你的上帝去服务，你会尊重他，不鄙视、不轻视他。爱的反义词是鄙视，服务是爱的践行。

愿意为彼此服务蕴含了所谓的"共有应答性"（communal responsiveness）。共有应答性是指当一个人表露自己的需要、渴望或者脆弱时，另一个人会转而明确地关注前者的幸福，并且以促进其幸福的方式做出反应。在共有应答性关系中，伙伴关注对方的需要和幸福，满足其需要并促进其幸福。他们确信对方也会这样做。于是，他们在关系中感到安全、可靠和轻松。[115]应答性的重要不仅在于应答本身可以产生的实际效果，而更多的是心理层面的，尤其是向伙伴提供一种持续的安全感——这种安全感使他能够放松、享受和探索生活。当得知另一个人也在关注自己的幸福，在某种程度上能使人较少关注自身，特别是不再过多保护自身，从而把注意力放在其他方面，包括关系中的伙伴身上。这些会引发进一步的应答性，形成正反馈。[116]

我讲的愿意为彼此服务比共有应答性的含义更广，因为应答只是服务的一种。愿意为彼此服务的提法比共有应答性还要多这样一种感觉：他愿意为了她而放低自己的身段，很低很低，低到尘埃里。同时她也可以为了他把自己低到尘埃里，但心里是欢喜的，从尘埃里开出花来。[117]

04 婚 姻

有的朋友会说，我尊重他并不需要放低自己。我说的愿意放低自己的反面是不愿意放低自己。这就好像在一般分配时，由于人本性的自尊自负，合理的均衡状态往往是在双方都觉得自己吃了点亏的时候。类似地，在婚姻生活中，和睦的均衡状态往往是双方都觉得放低了自己的时候。如果都死活不愿意放低自己，婚姻是不能稳定的。

我在此说的为彼此服务不仅是洗车、除草等服务的行动，其实包括了各种爱的语言。《爱的五种语言》一书里讲述了五种表达爱的方式，分别是肯定的言辞、精心的时刻、接受礼物、服务的行动和身体的接触。[118]肯定的言辞需要我观察他，用言语表扬他；精心的时刻需要全神贯注地倾听他；接受礼物并不是说要买多么贵的礼物，而是提供一个个爱的视觉象征——也是提供一种服务；这几项加上身体的接触，其实是付出时间和心力去为对方在听觉、视觉、触觉各方面提供全面的服务。为什么不同的人会讲不同的爱的语言，我猜测也许是与不同的人可以分为视觉型、听觉型和动觉型有关。[119]

古人说举案齐眉，相敬如宾。相敬如宾所指的正是婚姻中的彼此服务。很多朋友对相敬如宾有误解。它不是说把盘子端到眉毛一样高那么客气，也不是说低声下气的讨好。相敬如宾的"宾"在这里一般被解释为贵宾，然而由于这个社会的服务业中存在的本不应当有的鄙视链，人们常常会运用错误的心智模式来理解它。我觉得，不妨把这个"宾"字理解为宾语的宾，也就是客体，相对于主语的主体。相敬如宾，是说尊敬他是一个独立思考的、自主行动的客体。

相敬如宾还有一层意思，就是于我而言，只有我才是主体，他是作为我"敬"的一个客体，一方在任何意义上都不是另一方的附属品。

波伏娃问："为什么女人是他者？"[120] 主客体的关系是相互的，不是说男人才是主体，女人总是作为他者的客体。女人本就不应该只是他者。波伏娃写道："所谓妇女解放，就是让她不再局限于她同男人的关系，而不是不让她有这种关系。即使她有自己的独立生存，她也仍然会不折不扣地为他而生存；尽管相互承认对方是主体，但每一方对于对方仍旧是他者。"[121] 所以，妇女解放也正是要相敬如宾。

相敬如宾是尊敬他是一个自由的人。

自由和自在

婚姻中还有一种心智模式，姑且称为"肋骨"模式吧。《圣经》里说，上帝从亚当身上取下一根肋骨创造了夏娃。有些人隐隐觉得配偶应该是自己的肋骨，是自己身体的一部分。心理学上称之为自体客体，就是他觉得对方应该或者已经是他的主体的一部分，而不把对方当作客体来看待，由此产生了许多不合理的预期。

采用肋骨心智模式的人往往会忽视配偶的感受，并不是因为他轻视配偶，也不是说他把配偶视作工具，而是把配偶当成自己主体或者身体的一部分，误以为自己的感受就已经是对方的感受。但是这样就错了。

这种情况在老夫老妻中更为常见，也经常被忽视。熟归熟，其实老夫老妻并没有他们以为的那么了解对方。即便是结婚很多年的夫妻，他们认为彼此有着许多共同点，但实际上并非如此。他们往往过高地估计了彼此的相像。耐人寻味的是，知觉到的相像程度和婚姻满意度之间的相关高于真实的相像和婚姻满意度之间的相关。[122] 因此，即使是一对恩爱的老夫老妻，也不是说一个人就可以完全替另一个人做决定的。没有谁可以完全代表你，你也不可以完全代表谁。

有一个著名的问题，妻子问丈夫："我和你妈妈同时掉进水里，你会先救谁？"这个千古难题一直没有一个令人满意的答案。曾经有一年的国家司法考试中有一道判断题："甲在火灾之际，能救出母亲，但为救出女友而未救出母亲。如无排除犯罪的事由，甲构成不作为犯罪。"答案是该题是正确的。司法解释说，如果不救母亲的话将构成不作为犯罪，对女友则只有道义上而没有法律上的救助义务。纵然中国的法律如此，于情于理还是不能让人完全信服。

当一个问题无法产生令人满意的答案的时候，常常是因为提的这个问题本身有问题，或者它本来就不应该被提出来。其他类似"如果怎么了，你会怎么样"这种"what if"形式的问题还有许多："如果有一天我出车祸了，你会怎么样？""如果我不漂亮了，你会怎么样？"等等。实际上它们都不应该被问出来，甚至想都没有必要去想。

合理的态度应该是：我爱他，我信任他，我相信未来如果事情发生，他必然可以从他的角度出发做出正确的决定；我尊重他是一个自由的人，无论他做出什么样的决定，我对于其结果都可以坦然接受。所以，对于如果未来怎样他会怎样，我问都不问，想都不想。因为我相信。

*

什么样的关系是两个人之间可能有的最好的关系呢？说起来也很简单，就是自由自在的关系。我在这里说的自由，显然不是指某些人所鼓吹的性自由。我说的自由是独立思考、自主行为。弗洛姆在《逃避自由》中写道："现代人生活在幻觉中，他自以为知道自己想要的东西是什么，而实际上他所想要的只不过是别人期望他要的东西。"[123] 如果真的了解自己所想要的，而不是他人所希望自己想要的，并且为之行动，便是自由。

自在是一种佛家的通达无碍或者道家的自然而然的状态。乔布斯有一句名言，把每一天都当作生命中的最后一天去生活。世人多以为这句话的意思是，应该抓紧在这最后一天里去做自己最想做的事情，特别是那些被俗务耽误了的一直想做却没做的事。我倒觉得应该从另一个角度来理解禅意人生的乔布斯。所谓把每一天都当作生命中的最后一天，应该想的是临终时对这个世界和世界上的人还有没有亏欠、有没有愧疚。如果某一天即使就这么突然离去了，也可以做到对这个世界无所愧疚，那么这随时都死而无憾的状态就是自在。

两个人之间最好的关系是自由自在的关系。换句话说，这两个人中的每一个人都是既自由又自在的。

不自由的人是过分依赖的，不自在的人是过分焦虑的。在婚恋关系中，当一方不愿意或者说不敢给另一方自由的时候，常常是因为他自己不是一个自在的人。他不自在，他很焦虑，他太想抓牢因为害怕失去。举个例子，有人问："女生太过主动是不是会把对方吓跑？"吓跑对方的不是主动啊，是焦虑。

而如果你和一个不自由的人相处，那么你也很难自在。一种典型的不自由的人是所谓的"巨婴人格"。巨婴人格的人怀抱着两种在婴儿时期没有被满足的最原始的简单愿望——一个愿望是：抱抱我。一个愿望是：看着我。请想想如果巨婴的他总是不停地说，抱抱我，看着我，那么你怎么能自在呢？

当他自由，她才可以自在；而她自在，他才可以自由。自由自在的人最可爱。

她在跳，他在笑。自由的人在跳，自在的人在笑，如此温暖地过一生，就是最好的。

她在跳,他在笑。自由的人在跳,自在的人在笑,如此温暖地过一生,就是最好的。

婚姻不是爱情的坟墓

有人说，婚姻是爱情的坟墓。

在中文网络上，对"婚姻是爱情的坟墓"这个观点最重要的支持论据来自李银河教授引用过的一个研究，但是我对这个报告的权威性有很大的疑虑。

李银河在《中国人的性爱与婚姻》中写道：苏联拉里科夫（Rurikov, K.）将自己的研究报告题名为"仅仅靠爱情？"她发现，在1.5万名调查对象中有70%～80%是因爱情而结合的，15%～20%是因为人人都结婚才结婚的，3%～10%是因个人利益而结婚的。进一步的调查发现，因爱而结合的人百分之百感到不幸福，因人人如此而结婚的人中幸福者占十之四五，因利益而结合的人中十个幸福对七个不幸福。作者从而得出结论，因爱情而结合并不能保证婚后幸福。研究还发现，在年龄较大的人当中，因浪漫、爱而结合的较少，寻找生活伴侣的动机较多。[124]

书中引用的尾注是："拉里科夫（Rurikov, Y.）：《仅仅靠爱情？》《文学杂志》，1974年总29期，第13～28页。"《文学杂志》？确定不是小说吗？另一本由李银河教授亲自作序的书《被劫持的私生活：性、婚姻与爱情的历史》是这样写的："李银河在其《中国人的性爱和婚姻》一书中，引用了苏联学者拉里科夫的一个研究报告，那报告的名字叫《仅仅靠爱情？》——听上去更像一本小说的名字。"该书接着断言说："婚姻是爱情的坟墓。"[125]

1.5万名调查对象中的70%～80%因爱情而结合，也就是1万左右的样本，竟然可以得到百分之百感到不幸福的结论。而文中的其他数字都是如此的不精确和不严谨，"十之四五""十个对七个"，唯有这个百分之百这么确定。我从统计学的角度对此表示深深的质疑。确定这些数字不是小说中的虚构吗？即使它真的是学术报告，我对苏联 1974 年的统计调查的普适性和专业性也存疑。

*

除了前面说的占有、交易等心智模式，我发现人们还经常运用一种到达的心智模式。这可能和我们的老祖宗们走了太多路有关系。俗话说，千里之行，始于足下。我们常常觉得好像走到了一定的里程数之后就可以宿营休息，或者甚至可以一劳永逸。错误地运用到达的心智模式，使得很多人觉得结婚是一次到达。火车进站了，然后呢？然后就不走了，好像进了活死人墓。

在网上流传的一份"知乎神回复"中有这样一组问答："问：结婚以后两个人在一起最重要的是什么？答：就当这婚还没结。"[126] 人生永远在路上。火车进了站，还是要再出发的。

要回答"婚姻是爱情的坟墓吗"，其实应该先回答一个问题："爱情从什么时候开始？"爱情从双方的互相心理认同开始，从动念的那个时候起算，不需要经历什么特别的仪式。从那时起，两个人就开始累积爱的复利。

结婚只是经历了一个仪式，并不是说爱的复利的过程在中间重启了一下。比如美国有研究发现：当开始一段恋爱关系的时候，人的自尊感会提升；当关系可以维持超过一年时，自尊感会持续提升。分手会降低自尊感，而其影响在一年后就不在了。结婚对自尊感没有影响，这个研究的结论跨种族、性别、年龄都成立。[127]

所以，婚姻不是爱情的坟墓，它只是爱的复利的旅途中的一个里程碑。

婚龄公式

结婚年龄推迟是全世界范围内的普遍现象。[128] 除了经济社会发展、高等教育普及和城市化程度提升等因素，我猜婚龄推迟的最重要原因是人们寿命的延长。

我大胆地猜想，婚龄和平均寿命有一个数学关系，请允许我称之为婚龄公式：

婚龄 = 平均寿命 / e，在这里 e 是欧拉常数，约等于 2.718。

这个公式的灵感来自随机分析中的一个经典问题。现在网上有些地方也称之为"37%恋爱法则"，大致是说："如果你

预计求爱者有 n 个人,你应该先拒绝掉前 n/e 个人,静候下一个比这些人都好的人。"[129] 原证明中有关于一致分布的假设,在现实婚恋生活中其实是很难满足的。

我在这里提出的关于婚龄和寿命的数学关系和上述"37%恋爱法则"的数学证明其实并没有直接关系,但是从经验数据上来看是比较吻合的。以上海为例:上海 2017 年的人口平均预期寿命超过 83 岁。83 除以 e 是多少呢? 30.5 岁,刚好差不多是上海的人均初婚年龄。再看看美国的数据:美国的人均寿命大约在 78～79 岁,78 除以 e 是 28.7,而美国的平均初婚年龄是女生 27.4 岁,男生 29.5 岁。[130]

历史上难有确切的人口统计数据,我们暂且大致估计一下。新中国成立后的一段时间里中国人的平均寿命大约 60 岁,那么 60 除以 e 是 22 岁,差不多是那一代人的初婚年龄。再往前 1000 年,平均寿命可能不到 40 岁,那时候人们 15 岁就得结婚了,所以历史上曾经有过"女子十五不嫁,家人坐之"的记载。"坐之"是去坐牢的意思。

这个"婚龄 = 寿命/e"的公式，虽然是博君一笑，起码比亚里士多德要更靠谱一点。他在《政治学》中写道："因此，女子适合于在18岁左右结婚，男子适合在37岁左右结婚。此时婚配，男女的身体都正值鼎盛时期，他们的生育能力的衰退也将彼此同步。"[131] 在未来，如果人们的平均寿命普遍达到100岁，那么根据婚龄公式，100除以2.718恰好是亚里士多德说的37岁。网上说"剩女"在广义上是指27岁以上的单身女性。对此，朋友们，你们可以理直气壮地反驳说："现在医学昌明，我的年龄还没到预期寿命除以e呢！"

04 | 婚 姻

一夫一妻的逻辑

一夫一妻制在中国只是最近一百年的事情。之前是一夫多妻或者准确地说是一夫一妻多妾制。一夫多妻制向一夫一妻制的转变,并非出于宗教、法律、女权主义等原因。[132] 从经济学上解释,一夫多妻制有它存在的理由。如果把财产等资源作为主要的考量,加里·斯坦利·贝克尔在《家庭论》中写道,女人可能宁愿做上等人的妾,也不愿做下等人的妻。[133]

可能和大家的直觉相反的是,从经济学的角度,贝克尔指出:"当一夫多妻现象更为普遍时,妇女的收入会更多,男人对妻子的竞争也会更激烈。"[134] 赞成一夫多妻的男人——绝大部分是比较"普通"的男人,他们在一夫多妻制度下,情况反而变糟了;而女人,哪怕她们自己是反对一夫多妻的,但只要有别的女人进入了一夫多妻的婚姻状态,她们自己选择"成功"男人的范围就增加了,她们的处境也变好了。"波斯纳法官在他的名著《法律的经济学分析》中清楚地指出,一夫一妻制度实际上就是一种对成功男人限购的政策,它的效果是财富转移。它让女人的选择范围减少了,让成功的、更有吸引力的男人的选择减少了,而让那些年纪较轻、收入较低的男人处境变好了。"[135]

如果一夫一妻制对女人和成功男人都不利,那么这占总人数过半而且又有权势的人群为什么要选择对自己不利的制度呢?为什么全世界都在向一夫一妻制的方向转型呢?

有一种说法把一夫一妻制解释成统治者的善意[136],实在是牵强,只需要看看持续千年的中国帝王的三宫六院。

一夫一妻政策可能是出于人口学的考虑。在历史上,甚至在罗素的著作中仍然写道:"人们认为婚姻的主要目的是补充世界的人口。"[137]而法拉梅兹·达伯霍瓦拉写道,在马尔萨斯的人口论之前,有利于人口增长是支持一夫多妻制的主要论点,因为当时人们相信国家的强大在相当程度上取决于人口的数量。"相似的联系从19世纪早期开始再一次出现,人们当时接受了马尔萨斯的观念,这造成他们重新开始担忧人口过剩的危险,这反过来又导致性约束进一步强化。只有在20世纪晚期,大规模避孕出现了,性观念和人口之间的紧密联系才被切断。"[138] 随着避孕技术的进步,人口学方面的考虑在今天已经不重要了。

从人口学来看,性别比率也会产生影响。"高性别比率的社会(女性较少)倾向于支持老式、传统的两性性别角色,即男主外女主内,妻子在家相夫教子,丈夫外出工作养家。这种文化形态在性生活上也相对保守。理想的新娘应该是处女,未婚先孕让人蒙羞,公开同居几乎绝迹,离婚不受欢迎。相形之下,低性别比率的社会(男性较少)倾向于颠覆传统,也更为宽容。"[139] 中国是传统的重男轻女国家,如果分年龄组看的话情况没有那么糟[140],但总体上也会倾向于保守。

一夫一妻制和一夫多妻制是爱的深度和广度之间的取舍[141]，或者说是质和量的取舍。贝克尔指出，当更重视配偶和孩子的质量而不是数量的时候，会倾向于一夫一妻制。他在《家庭论》中写道："一夫多妻的男性的配偶会是一个平均质量较低的女人，她低于实行一夫一妻制的同样一个上等男人的配偶。……当孩子的数量是结婚的主要产出时，由于妇女的边际贡献大于男人的边际贡献，所以，当孩子数量举足轻重时，妇女的平均投资就较小，她们在投资上的不均等程度也较低。……随着昔日社会的愈益城市化和进步，家庭对孩子'数量'的需求大为减少，而对孩子的教育、健康和'质量'的其他方面的需求则大大增加。由于男子对孩子质量的边际贡献远远大于其对数量的边际贡献，所以我们的分析正确地预见到：随着时间的流逝，一夫多妻制现象还会明显减少。"[142]

质比量更重要，而世人却常常被量所迷惑。

*

婚姻和性的权利义务是密切相关的，然而婚姻不只是性爱的结合。[143] 婚姻和性密切相关，但不是不可分割。婚外性一直是存在的，而且从《红字》到《廊桥遗梦》似乎越来越被社会容忍和接受。[144]《共产党宣言》中在抨击资本主义社会的婚姻制度时写道："我们的资产者不以他们的无产者的妻子和女儿受他们支配为满足，正式的卖淫更不必说了，他们还以互相诱奸妻子为最大的享乐。"[145]马克思的这段描述现在读起来有点让人吃惊，但那个资本主义冲动的年代确实是所谓"诱奸的热潮"。[146]同时，婚姻可以愈久弥坚，而其中生理意义上的性对于半数以上的老年人已经不那么重要了。

人类是擅长想象的动物。当代社会里随着媒体的充斥渲染，人们对感官体验往往高估了。[147]类似地，人们对性的生理感官享受体验很可能被高估了。罗素写道："性关系中的本能成分，比人们通常所想象的要少得多。"[148]

康德把婚姻定义为"两个不同性别的人，为了终身互相占有对方的性官能而产生的结合体"[149]，因此婚姻的目的变成了"互相利用性官能的欢乐"。[150]当仅从性的角度来理解婚姻，即使是提出了"决不把人这个主体单纯用作手段，若非同时把它用作目的"[151]的康德，对婚姻的理解竟然也跌进了一个彼此物化的怪论。[152]

奥斯卡·王尔德说过："生活的一切都和性有关，除了性本身；性关乎权力。"[153] 许多时候人们误以为是性，其实是权力欲的满足。比如"妻不如妾，妾不如偷"主要是权力的快感，而不是性本身的感官体验。

性除了带来感官享受，更重要的是它可以增益爱的复利。这才是性最佳的用途。[154] 性可以增益爱可能是源于具身认知。[155] 生理体验激活心理感觉，反之亦然。人在开心的时候会微笑，而如果微笑，人也会趋向于变得更开心。

性权利的排他性从法律观点上是模糊的。《中华人民共和国婚姻法》中没有"性"这个字。相应的条款只有"禁止重婚。禁止有配偶者与他人同居"。性权利的排他性更合适被视作一种主动选择。

如果一个人有多个情人，那么他的精力分散了，他最终可以收获的爱的复利会小于只专注于一个人。回到前面讲的婚姻中的彼此服务，一个人不大可能同时服务好几个人，即使仅仅是提供基本的共有应答的服务也很难。如果他想积累更多的爱的复利，一生收获更多的幸福，那么他的理性选择是一夫一妻。

从这个意义上说，性权利的排他性会变成一种自然选择。选择了性权利排他的人更容易吸引异性繁衍，在进化中其基因也更容易被自然选择。网络上有一些号称以进化心理学来解释爱情和性选择的言论[156]，但是它们的问题是突出了动物性，却忽视了人性。生而为人，并不是把传播基因作为主要目的。基因的传递是动物们都在做的事情。如果只是为了繁衍，那和禽兽没什么差别呀。孟子曰："人之所以异于禽兽者几希，庶民去之，君子存之。舜明于庶物，察于人伦，由仁义行，非行仁义也。"[157]人和禽兽的差别就在于是不是从爱出发，走不走心。

·

恩格斯说过："人来源于动物界这一事实已经决定人永远不能完全摆脱兽性，所以问题永远只能在于摆脱得多些或少些，在于兽性或人性的程度上的差异。"[158]没有爱的性，只走肾不走心，不划算，就好像吃东西只用舌头尝而没有咽下去消化。[159]"人生最大的两个约束就是生命的有穷和心力的稀缺。"[160] 如果在走肾的同时也走心的话，我们可以用这有限的时间和心力多"挣"些爱的复利。那些没头没脑没爱的性，彻底浪费了。塑造我们的是那些痛彻心扉的爱。[161]

"人与人之间在财富和地位上的平等状况倾向于使一夫一妻制成为一种普遍的婚姻形式。"[162] 我猜测，全世界范围内都在向一夫一妻制的方向转型的重要原因其实是教育的平等。[163]《浮生六记》可能是中国古代关于爱的复利的最好例子，其中的芸娘被林语堂赞为中国文学上最可爱的女人。芸娘小时候便"渐通吟咏，有'秋侵人影瘦，霜染菊花肥'之句"。[164] 社会中女性的教育水平提高了，才更有可能收获爱的复利。中国在妇女权利方面虽然尚有不足，但相比其他国家还是不错的，尤其在教育权利上。教育的平等又归根于科技的进步，比如印刷术的发明和普及。改变世界的根本力量是创新。

从社会层面来看，一夫一妻的社会里，人们可以享受到更多的爱的复利，因此变得更幸福、更健康、更有活力。这样的社会也更容易被自然选择。

刚刚好的婚姻

《奇葩说》第三季里有一集辩论的主题是"你支持婚姻有效期7年吗?"

对于预定年限的婚姻,哈夫洛克·霭理士写道:"很难说这种有期限的婚姻是解决我们当前遇到的各种困难的很好的办法。它们不合年轻情侣之意,因为他们相信他们的爱情天长地久海枯石烂都不会变,或者,在他们的婚姻正处在感情融洽的时候,没有必要去想那些教人讨厌的有关契约的法律期限的事。反之,如果婚姻不快乐就没有理由继续保留这种空有其表的关系,继续煎熬十年,就算是五年也没有必要,它已经是没有任何实质的婚姻关系了。即使要把婚姻放到这种最平常的契约的基础上，事先规定契约的有效期的长短也是一种错误，实际上也没有可能性。这种制度预先固定婚期延续的时限和预先固定终生不易的制度在原则上是完全一样的。"[165]

规定婚姻有效期为 7 年的年限，不如给予双方选择可加长年限的选择权。从数学的角度来看，两个彼此有感觉，但不够深爱或者说不够理想主义的人预期他们的爱的复利的增长不是幂律的曲线，而是在未来会衰减的阻尼趋势。网传爱尔兰会为婚姻加个期限，从 1 年到 100 年，期限届满不续即为自动离婚，期限越长婚姻登记费用越少。但那只是传言。[166]

有人说，令很多中国人不得不走入婚姻的是对生育权的限制。准生证，即计划生育服务证，始于 20 世纪 70 年代，是和计划生育国策相关的，有其历史成因，也必然随时间消亡。无论在历史的纵向上和跨国跨区域的横向上看，准生制度都是孤立事件。非婚生子[167]和丁克人群都存在，所以婚姻和生育也不是绑定的。

未来在以复利为心智模式的婚姻中,共同居住[168]和财产共有[169]都不一定是必需的。这可能会缓解一些老问题,但也可能会带来新问题。渡边淳一推崇"事实婚":"我个人将它理解为'高度自由的制度,孕育实质的爱情'。它还能适应人心和社会的各种变化,是适应现代生活的伴侣形态。"[170]渡边淳一在本质上也是以复利的心智模式看待婚姻,得其神则可以不拘于形。

在未来有没有可能有一种新的被广为接受的关系形式,它类似婚姻,但是和婚姻不同的是,双方都从一开始就有它可能不会到永远的预期?

姑且把这种新的关系形式称为"刚刚好关系",取自一首叫《刚刚好》的歌曲的歌词:"我们的爱情,到这刚刚好,剩不多也不少,还能忘掉,我应该可以,把自己照顾好。"据说莎士比亚说过,不以结婚为目的的恋爱都是耍流氓。于是人们通常以为,不以到永远为目的的关系形式都是耍流氓。在现实中,永远总是太沉重,往往成了生命不可承受之重。如果有一种可以被社会广为接受的关系形式,虽然持续期内与婚姻并无二异，双方却都只预备它持续到刚刚好的时间，会怎样呢？乍听起来，它好像会是反女权的，因为给了男人更多的对于不负责任的开脱理由；但实际上它或许反而是很女权的，因为不少女性虽然渴望进入一种关系，然而正因为自己或者对方不能承诺明天的明天的明天而被独身。尤其对于离异的女性，"刚刚好关系"也许可以实际扩大她们的选择权。[171]

婚姻的法律地位本身是值得挑战的。波斯纳写道："假定婚姻不具有任何法律效用，而只是纯粹出于宗教或礼仪原因，那么想要获得婚姻关系的夫妇（已婚或是未婚）将会依照自身意愿订立合同。如此一来，就可能出现五年制婚姻、'开放式'婚姻、可以任意解除的婚姻（就像任意就业一样）、不能解除的婚姻等，并且赡养费和财产分配也可以自由商酌。"[172]

可是，当婚姻失去法律、宗教所赋予的庄严神圣，未来的婚姻从哪里获取仪式感呢？有一句歌词可以回答这个问题：其实爱对了人，情人节每天都过。

婚姻的其他问题

刘瑜写过："可我总是疑心，有多少人的婚姻是乐趣在维系，又有多少人仅仅因为惯性。他之所以结着婚，是因为他已经结了婚。他之所以结了婚，是因为别人都结婚。别人都结婚，是因为——你问'别人'去吧，我怎么知道。我恶毒地以为，大多数人结婚，其实仅仅是因为无所事事，于是决定用一种无聊取代另一种无聊。"[173]

根据美国统计调查局2017年的报告，在18岁以上的美国人中，45%的人是不在婚姻中的（包括未婚、离异、丧偶）。越来越多的人（55%）不再认为婚姻是成年的标志；相比之下95%的人认为毕业和找到工作是成年的标志。"将近40%的美国人相信婚姻正在过时。"[174] "实际上，几乎三分之一（32%）的美国家庭是由未结婚的男女组成的。"[175]

生涯未婚率指的是50岁左右的未婚者所占的比率，是由45到49岁、50岁到54岁人群的未婚率计算得出的。在日本，"从1985年开始，男性的生涯未婚率急剧增长，从1985年的3.9%开始，5年后的1990年是5.5%，1995年是8.9%，2000年继续增长到12.4%，2005年达到15.6%。"[176] 美国的预测是在2030年生涯未婚率将达到25%。世人一般认为结婚的人身体会更健康，然而2017年有3份新的学术研究都反对这个结论。[177]

*

婚姻的本质是在追求爱的复利的过程中的风控。在投资过程中，关于风控的失灵可以有千万个理由，最终都可以归结为两个字：不真。过度自信重仓某个股票，对自己的能力不真；有意忽略边上的灰犀牛，对环境不真。

婚姻会暴露一个人的弱点。"我主持婚礼的时候，常用桥来比喻婚姻的这个问题。想象一条河上有一座桥，桥上有结构缺陷，几乎看不出来。可能有细如发丝一样的裂缝，需要非常仔细检查才能发现，但肉眼看不出什么问题。现在有一辆十吨大卡车开上桥来，会发生什么事呢？卡车的压力会扩大那些发丝一般的裂缝，现在就看得见了。结构缺陷会暴露出来，所有人都看得见，因为卡车的重量压在桥上。这下，所有缺陷都清清楚楚。卡车并未制造裂缝，只是把裂缝暴露出来。

"你结婚之后，你的配偶就是一辆大卡车，从你心上直直地开过去。婚姻把你的缺点全部暴露出来。婚姻并没有制造弱点（尽管你可能责怪配偶要为你的失败负责），婚姻只是暴露弱点。但这不是坏事。如果你觉得自己已经很完美了，又怎能改善，成为'荣耀的自我'？"[178]

关于离婚，贝克尔在《家庭论》中从信息不完全或者价值观冲突等方面来解释[179]，但我猜测那些都是表象。归根结底还是我们都太自我了。威廉·福克纳写道："我们当中没有一个人愿意相信，我们的痛苦都是由自己造成的。我们都认为是这个世界亏欠了我们，使我们没有能得到幸福；在我们得不到幸福时，我们就把责任怪在最靠近我们的那个人身上。"[180] 这可能是许多人离婚的最重要的原因。

*

该如何看待婚姻中所谓善意的谎言呢？比如："你穿着这件衣服，很好看。"这是一个较为热门的哲学问题。我的答案是，还是回到关于不道德的判定，即爱和鄙视的区分。如果是因为爱而撒的谎，那么它是善意的，就是可以接受的。是因为爱还是不爱而撒的谎，是可以清楚辨别的。

有时候，他自以为是因为爱而欺骗她，她却很反感。究其本因，在以爱之名的同时，他其实表现了对她的轻视：他认为她没有能力面对和接受真相。这是一种很容易被忽视但潜在很可怕的轻视。所以这里的问题其实是，他自以为爱她而欺骗她，那是真的爱吗？真正的爱是要尊重她是一个自由的人，一个可以独立思考、自主行为的人。在绝大多数的情况下，有什么理由不让一个自由的她了解全部真相，然后自己做判断呢？

04 | 婚 姻

*

2019年在世界首富贝索斯的离婚协议中,前妻麦肯齐宣布自己放弃《华盛顿邮报》和太空探索公司蓝色起源的全部股权,只保留两人共同持有的亚马逊公司股权的四分之一,并将所有股权的投票权也授予贝索斯,以支持他继续领导这些公司。这样的财产分割方案也保住了贝索斯的首富地位。

相比起各国法律中离婚时财产对半分割的惯例,如果每个人获得自己在婚姻期间挣得的四分之三加上对方挣得的四分之一,可能是一个更合理的办法。这样的分配方法基于的假设是,每个人在婚姻期间创造的财富,其中既有配偶双方共同努力的部分,也有他自己个人的打拼。假设两部分各占一半,离婚的时候把共同努力的部分再对半分配,就可以得到刚才的公式。世间常见的全部对半分配的方法则简单粗暴了一点,对于更努力奋斗的一方有失公平。

亲情、友情

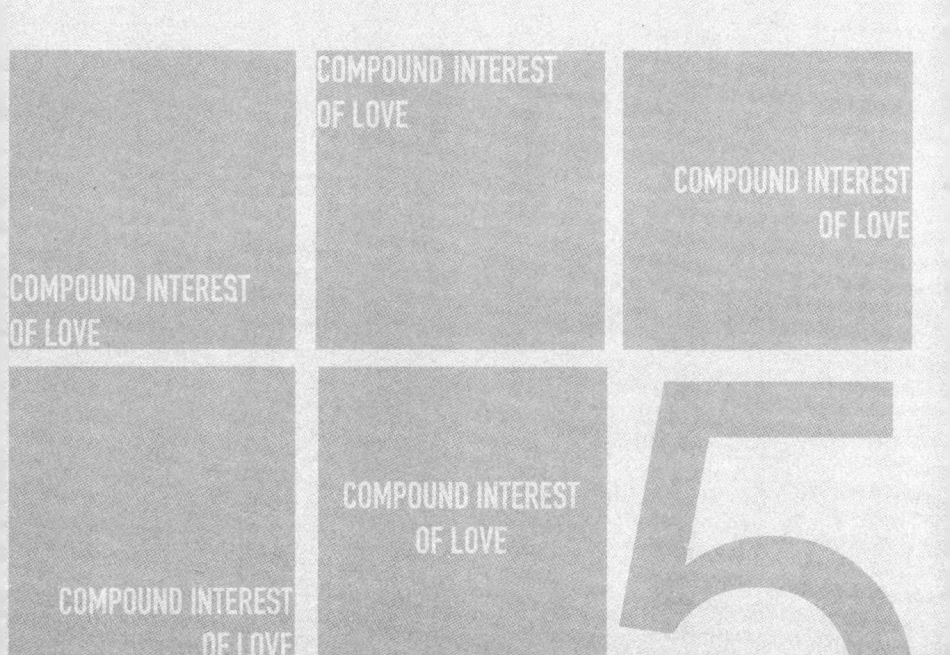

亲者不耐

家庭是可以两两彼此享受爱的复利的基本单位。[181]

家庭的边界是构成爱的复利的全连接网络的边界。

*

先解释一下什么叫全连接网络。

如果把家庭里的关系想象成一个网络,每个人是一个节点,每两个人之间的关系是一条边。全连接网络就是说每两个节点之间都有一条边,在这里的意思是家里的每两个人之间都有爱的复利。

爱的复利不限于配偶间。父子、母女间有，好朋友之间也有。三毛说，家就是一个人在点着一盏灯等你。那盏灯一定在发出爱的光芒。

家庭是爱的复利的全连接网络。一夫一妻和若干未成年子女构成的家庭，两两彼此间有爱，这就是家。韦小宝和他的七个老婆们则不是这个意义上的家庭——阿珂和其他姑娘之间很可能就没有爱的复利。

所以，当一个家中某两个人出现嫌隙的时候，就不仅是他俩之间的问题，也是全家需要面对的问题。如果他俩决裂了，那么就不再是全连接网络，于是家也就不再是家了。而当一个工作小组、球队、合唱团或者舞团的成员彼此间都有爱，就构成了一个爱的全连接网络，那么这个小组带给它的成员的，也是家的感觉。

家庭是人类社会的基本单位。人类社会不能没有家庭。如果真的到了大同世界，人人皆已成佛，全世界都是爱的复利的全连接网络，那么全世界都是一家人。

根据这个定义，只要人间彼此有爱，就一定有家。所以我不同意任何断定家庭终将消亡，或者柏拉图式的国家将取代父母的结论。终将消亡的只是那些纯粹的金钱关系的家庭，如《共产党宣言》里描述的"资产阶级撕下了罩在家庭关系上的温情脉脉的面纱，把这种关系变成了纯粹的金钱关系"[182]。因为金钱的世界天然是平的，在金钱的世界里是没有家庭的位置的。

*

爱的反义词是鄙视。在家庭中，真正的鄙视是极少出现的。家庭成员之间很少会有彻彻底底的不爱，有时候是爱恨交织。

在家庭中，有一种负面情绪倒是经常出现，那就是对亲人的不耐烦。

不耐烦和鄙视是完全不同的情感。我们对越是和自己不同的人越容易产生鄙视，反倒恰恰是对和自己越亲密的人越容易产生不耐烦。我给这种现象起个简化的名字吧，叫"亲者不耐"。

亲者不耐是一种非常普遍的现象。大学生对父母在电话里的唠叨不耐烦，丈夫在教妻子学开车的时候不耐烦，等等。然而，这样常见的情感却很少被讨论过，比如大卫·休谟在《人性论》的"论情感"篇章中讨论了骄傲、谦卑、愤怒、怜悯、恶意、妒忌、尊敬、鄙视等情感，却没有不耐烦。[183]

为什么会亲者不耐呢？

有朋友说，亲者不耐是因为知道亲近的人不会轻易离开自己。这可能是部分原因，但应该还不止。不耐烦本身是一种很负面的情绪。

我猜测，亲者不耐是因为我们比较理性地判断（实际上是误判）对这段关系投入更多的心力也不能带来更多的回报，所以通过不耐烦的情绪试图迅速地结束当下的心力的付出。

当听着父母的唠叨的时候，我们知道他们翻来覆去还是那些陈词滥调，继续听下去的边际收益看起来是零，而聆听本身需要花费时间和心力。人生最大的限制就是生命的有穷和心力的稀缺,所以我们以不耐烦的情绪回应,试图打断他们,结束这段对话。

在海外留学生中流传着一个原则是不能教老婆或者女友学开车,因为在这个过程中两人必然会吵架,主要是因为男生必然会不耐烦。这时的不耐烦是因为男生付出了心力,而换来的结果是女生的驾驶技术进步缓慢,而且看起来也没有增益双方的感情,特别是当感情貌似已经比较稳固的时候。

亲者不耐是在家庭和亲密关系中出现最频繁的,因此可能带来的总伤害也是最大的。这种负面情绪其实是可以避免的。虽然不耐烦可以有比较理性的缘由,但它的到来却一般不是经过大脑计算的,而是从心头无名地滋生出来的。当刚感觉到这种情绪滋生的时候,可以像打地鼠的游戏一样,看见地鼠冒出头来就用一个锤子直接把它敲下去。在这里我送你三把锤子:

如果真正理解了我说的"人的幸福感,几乎全部来自感受和他人的关系",就会深刻地认识到亲者不耐其实对一生的幸福感危害极大。为了自己的幸福感，也一定要把地鼠敲回洞里去。

如果真正理解了我在《治理的逻辑》一书中提出的人生鞍点理论，就会明白前述看似理性的判断其实是很荒谬的。当我们觉得投入更多的心力也不能带来收益的时候，看起来是在运用类似经济学上的边际收益递减规律。我们对越是不熟的人越耐心，因为边际收益大；对越亲密的人越不耐烦，因为关系已经稳定了，貌似情感的边际收益已经趋近于零。然而这种理解是非常错误的。我们错误地把情感理解为二维平面上的边际收益递减的抛物线，然而它不是呀。它是多维空间中的鞍点。当我们误以为情感相对稳定在抛物线的上沿时，它却很有可能沿着鞍点曲面的另一个方向快速滑落。所有的情感都需要小心呵护，越是亲密越要小心。因为在人生中，所有看似是极点的其实全都是鞍点。

如果真正理解了"爱的复利"的理论，就会明白本来就不应该是边际收益递减的，因为爱的复利是可以按幂律增长的。亲者不耐是误以为边际收益递减。之所以感觉到边际收益递减，是因为爱的复利的正反馈过程中出现了问题。问题常常主要出在不耐烦的这一方身上——爱生爱的正反馈过程在不耐烦的这一方停止了。当子女嫌父母唠叨而不耐烦的时候，可曾想过在电话中有没有给父母以爱的正反馈？当男生嫌女生学车慢而不耐烦的时候，可曾想过有没有给她以爱的正反馈？

当亲者不耐的地鼠在心田中探出头来的时候，请记起这三把大锤，握住它们狠狠地敲下去。

当亲者不耐的地鼠在心田中探出头来的时候，请记起这三把大锤，握住它们狠狠地敲下去。

05 | 亲情、友情

君子之交淡如水

什么样的友谊可以有爱的复利呢？

先说我的推论：不带目的的、真诚的、达成共识的语言性交流，可以促进友谊，增益爱的复利。

这个推论源自哈贝马斯的交往行为理论。哈贝马斯认为，从总体上可以把人类行为区分为两个大类，即目的行为和交往行为。简单来说，目的行为是带着目的的、讲究策略的；交往行为是不带目标的、通过语言性交流达成共识的行为。[184]

哈贝马斯是一位思想异常丰富的思想家，其理论博大精深。我在本书中叙述的哈贝马斯思想主要源自唐士其教授在《西方政治思想史（修订版）》中的解读："从总体上可以把人类行为区分为两个大类，即目的行为和交往行为。目的行为指行为主体通过选择与使用恰当手段达致预定目标的行为，遵循的是以经验知识为基础的技术规则即目标合理性原则。虽然一般而言目的行为主要针对非人格的物理对象，但如果某个行为主体认为其他人某种方式的存在或者行动对达成自己的目标有利，并且通过效果计算促成后者以这种方式存在或行动的时候，它也完全可能转变成针对其他人的行为。哈贝马斯把针对人的目的行为称为策略行为，认为'这种行为模式奠定了经济学、社会学以及社会心理学的决策理论和博弈论的基础'。与目的行为不同，交往行为并不以实施参与者中任何一方事先设定的计划为目标，它指的是行为主体通过语言性交流与其他人就有关事物达成共识的行为。在交往行为过程中，两个或者两个以上具有语言和行为能力的主体'使用（口头的或口头之外的）手段，建立起一种人际关系。行为者的目标是寻求对其行为环境及行为目标的理解，并在此基础上通过达成一致协调行动。'"[185]

人们常常觉得，越长大越难交到知心朋友。为什么会这样呢？其实是因为长大以后在职场、商场、官场里的人际交往常常是目的行为。虽然看起来称兄道弟，一团和气，但其实说的话都是字斟句酌，即使假醉佯颠也都是策略的一部分。这样的目的行为其实是不能产生爱的复利的。生意伙伴反目成仇的例子屡见不鲜。

只有哈贝马斯说的交往行为才能产生爱的复利。为什么目的行为不能产生复利呢？因为当目的行为伴随的目的最终达成，或者没有达成的时候，这次行为的意义就结束了。如果再产生新的目的行为，爱的复利是要随着新的目的重新启动的，因此不能建立前面说过的正反馈过程。

交往行为还需要是有效的。哈贝马斯说的交往合理性的有效性包括三个方面：第一，"所作陈述是真实的"；第二，"就现有的规范性语境而言，言语行为是正当的"；第三，"言语者所表现出来的意向必须言出心声"。[186] 简单地说，只有真诚的才是有效的。虚情假意、言不由衷，也不能产生爱的复利。

哈贝马斯说交往行为是行为主体通过语言性交流与其他人就有关事物达成共识。这里的语言可以是广义的：对弈围棋的"手谈"是广义的语言性交流；高山流水、琴瑟和鸣也算是语言性交流达成了共识；篮球场上两个队友之间一个眼神、一个空切，也是广义的语言性交流达成了共识。让我们遥想李白和杜甫、王维和孟浩然、白居易和刘禹锡，这些伟大的诗人们之间的友谊是人类历史上语言性交流的巅峰。

那些纸醉金迷的场所环境则一般是不合适达成共识的语言性交流的，因为声色犬马造成了太多的干扰。酒肉朋友之间好像很熟悉，但是彼此间的友谊其实并没有累积多少复利。相比之下，更合适交往行为的氛围正是哈贝马斯笔下作为"公共领域"的咖啡馆。[187] 午后在河畔的咖啡馆里，漫无目的地聊聊文学、艺术，或者体育，甚至八卦，都是增益友情的复利的方式。

更有效的增益友情的复利的方式是可以通过交往达成一致协调行动的。雇佣行为一般来说不能算，因为交往行为并不以实施参与者中任何一方事先设定的计划为目标。当两个人的思想碰撞后，一拍即合，决定携手做件事情，或者采取某个一致的行为，都是对友情的复利很好的增益。

张爱玲在《半生缘》中写道："中年以后的人常有这种寂寞之感，觉得睁开眼来，全是倚靠他的人，而没有一个人是可以倚靠的，连一个可以商量商量的人都没有。"[188] 类似地，有些人虽然位高权重，睁开眼来，周围全是目的行为，没有一点交往行为，缺乏友谊的爱的复利的滋养，又是何等的寂寞。

最简单的辨别是目的行为还是交往行为的一个办法，或者说辨别是不是真朋友的办法，是看在和他聊天的时候，你需不需要思考话该怎么说。当要思考话该怎么说的时候，往往就是在讲策略了，是目的行为了。君子之交淡如水，便不需要太多的讲究和戒备，轻松自然，心静如水。

其他社会问题

家庭暴力

先来说说家庭暴力。社会学理论说家庭暴力有三条路径：日常的有限冲突、严重的恐慌进攻和恐怖主义式的制度化虐待。[189]我猜想，家庭暴力的施暴方是在试图确立一条鄙视链。快感不是来自暴力本身。举个语言暴力的例子。女生对男友说："滚一边去。"她除了想结束当前的对话，潜台词是在试图建立鄙视关系。

但是鄙视了就不是爱了呀。爱的途径是非暴力沟通。马歇尔·卢森堡在写作《非暴力沟通》时，"借用甘地曾用过的'非暴力'一词，来指暴力消退后，自然流露的爱"[190]。

有研究显示，很多人打孩子不是因为恨孩子，反倒是因为过于倚赖孩子，孩子成了他们的情感寄托。如果孩子不乖，不回报他们的爱，他们就会发火，就会失控。[191] 这类家长不明白，"你能为孩子做的最伟大的事情，就是把焦点放在你自己身上"[192]。家长过激的反应不是源于孩子的错误，而是家长自己的焦虑。

那些对女性实施家暴的男性也是源于对自己的焦虑。《亲密关系》(第5版)中指出："总的来说，进行亲密恐吓的男性似乎赞成雄性标志，凭此提升他对女性的权威，但他们之中许多人对此任务却又感到能力不足；他们'常常感到他们不符合这些标志的要求，甚至为此感到恐惧。为了支撑起他们雄性的自我概念，他们可能试图控制别人，尤其是那些身体上比他们弱小的人'。"[193]

我猜测这些亲密恐吓者们之所以家暴，不仅是因为没有在家中得到爱的反馈，更主要的是在宣泄他在社会中积累的被鄙视。在这一点上，幼儿园教师虐童是一样的道理。虐童、虐猫虐狗、虐待孤寡老人的现象频发，常常是社会鄙视链底端的人发泄鄙视焦虑[194]的途径。

蒙田说:"胆怯是残暴的根由。"[195] 我想说,被鄙视的溢出是家庭暴力施暴者残暴的根由。他们只能去虐待更无助的群体以证明他们还可以从被鄙视端换到鄙视端。再往本质上说,家暴的原因还是一切不道德的根源——物化。

我在《有温度的资本论》中设想过一个鄙视溢价综合水平指数。[196] 鄙视溢价综合水平越高,名、权、利之间的相关系数就越高。社会的腐败水平与鄙视溢价综合水平是强正相关的。官员们的贪腐并不全是出于贪婪,而主要是因为他们也身陷在全社会形形色色的鄙视链中,心怀鄙视焦虑。色情业的蓬勃与鄙视溢价综合水平也是强正相关的。我猜测虐童事件的频次也标志着社会的鄙视溢价综合水平,这都反映了社会中累积的鄙视和被鄙视。

暴力的性侵不讨论了。关于非暴力的性骚扰,我有一个未经实证统计检验的猜想:性骚扰因为和鄙视相关,在鄙视链清晰的地方更容易发生。美国的好莱坞是一个典型的例子,在2017年底爆出的性侵丑闻，施害人是大牌电影制作人和影帝。校园内的性骚扰也更容易发生在作风严厉的学校或者道貌岸然的老师身上，比如美国持续许多年的教会性侵案的主犯就是神职人员。[197]

物 化

在中国，对于色情的管制是很严格的。在美国，关于色情[198]有一些基于宪法第一修正案的辩护："国会不得制定关于下列事项的法律：确立国教或禁止信教自由；剥夺言论自由或出版自由；或剥夺人民和平集会和向政府请愿申冤的权利。"有些人辩论说，限制色情违反了宪法第一修正案。甚至罗素也说过："虽然恐怕很少有人会同意我的观点，但我坚定地认为，在淫秽出版物的问题上，不应该出台任何相关法律。"[199]

色情会增加背叛和影响情感联系。"绝大多数色情产品会加速我们之前提过的那些背叛的步骤。""色情的过度使用也会影响伴侣间的情感联系。"[200]

我认为色情最重要的问题还是在于物化。许多色情产品物化了人，尤其是女性。

我们每时每刻看到的、听到的、用到的都是输入大脑的训练数据集。我们知道学习的效果和数据的质量有非常大的关系。观看或者使用色情产品相当于给自己的大脑增添了很多数据，尤其是会增加物化方面的数据。同时，生理反应的刺激还会增强这些数据的权重。有研究发现，每次高潮都会造成催产素和后叶加压素的分泌，使得情感联系增强。在色情活动中的高潮则会增强人们与色情画面而不是伴侣的联系。[201] 还有研究发现，色情产品使用者可能会有恋物癖的风险。[202] 所以，观看或者使用色情产品会影响我们大脑的神经网络，使之更偏向于物化的思维方式。

我们被所见、所闻、所想塑造。理性的我们应该谨慎地对待自己神经网络的输入，就好像注重食品安全要提防地沟油一样。而实际上，选择所见所闻的自由在今天越来越成为一种奢求。即便能避开有形的干扰，无形中也在被推荐算法引导。其实，这个世界上绝大部分的美丽与疯狂都跟我们没有半毛钱关系。

*

第一修正案的界定标准应该是看有没有宣扬鄙视和物化。不把人当人，或者说把人给物化了，是一切不道德的根源。鄙视和物化是有千丝万缕关系的。凡是物化人的色情就应该和同样鄙视人、物化人的纳粹内容一样，不受第一修正案的保护。看有没有宣扬鄙视和物化甚至可以是第一修正案的唯一的界定原则。凡是没有物化或者鄙视人的，则可以受其保护。

如何判别是否物化人了呢？我想可以有这么一个"把字句"假设：如果在我们以人作为宾语的句子里，可以改成用"把字句"句式的，那么就物化了这个人。举例来说，睡了她，把她给睡了，就是在物化她。其他类似的动词都是同理。而说和她做爱，不会说把她做爱了，这时就没有物化。

说起第一修正案，世人的理解多是在言论自由的方面，也就是上面说的人脑深度学习网络的输出端。其实更加根本的是在输入端，也就是获取真相的自由。如果输入端不行，那么"垃圾进，垃圾出"，输出又有多大意义呢？不了解真相，瞎表达个什么劲呢？比方说美国的国会，我认为其调查听证的权力的实际意义还要胜于其辩论投票的流程的意义。再比如某幼儿园虐童的网络事件，该事件中最值得痛心的是调查记者作为一个职业几乎已经消亡。

禁 爱

我们容易混淆主观的重要性和客观的复杂度。当某个任务对我们主观上越重要，我们越倾向于采纳过于复杂的模型和过多的参数。而模型的复杂度应该是由数据本身的客观特性决定的。换句话说，我们很容易把对我们重要的事情想得太复杂。对我们越重要，这个认知偏差就越大。正因为爱对我们很重要，我们容易把它想得太复杂。其实正如歌名中反复写道，《简单爱》《爱很简单》。

同性恋婚姻是一个近年来在美国辩论比较多的社会话题。关于同性恋，我并不想说太多。我的主要观点是，基于我们对婚姻的本质的理解，即使同性恋的性是问题，同性恋婚姻也都不是问题。婚姻的本质是一起收获爱的复利的过程中的风控。如果伯牙和钟子期决定两个人为一起收获爱的复利的过程加一个显性的风控,祝福他们。电影《笑傲江湖》里午马饰演的刘正风和林正英饰演的曲洋如果决定一起"沧海一声笑",祝福他们。

就这么简单。

*

近亲结婚呢?

近亲结婚在中国是法律禁止的,主要出自遗传优生学的考虑。但从世界范围来看,表亲结婚在中东是普遍现象;在很多国家除了宗教约束,是不违法的。禁止表亲结婚的主要是中国、韩国、朝鲜、菲律宾和美国50个州中的24个州。最严厉的大概是韩国,同姓同宗不可结婚的法律直到1997年才废止。

我对于近亲结婚是有一定顾虑的,而这顾虑主要来自经济角度。我猜测近亲结婚更容易造成财富的集中，产生类似罗斯柴尔德家族那样的世代豪族。[203] 然而这症结最终是在于财富的无限制继承本来就是不应当的，我在《有温度的资本论》书中对此有详细讨论。

*

由婚姻延展出去，相关的家庭和社会问题就讨论这么多。请想象一个社会网络，每个人都是其中的节点。婚姻相当于把其中两个节点之间的一条边变成了一个超强关系，由此必然对相近的其他节点，尤其是双方背后的家庭成员带来很大的影响。从这个意义上理解，婚姻是两家人的事情。本书中没有谈及抚养子女、赡养双亲[204]等等，并不是说这些不重要。

结　语：爱是无限游戏

《有限与无限的游戏》一书中写道："世界上至少有两种游戏。一种可称为有限游戏，另一种称为无限游戏。有限游戏以取胜为目的，而无限游戏以延续游戏为目的。如果有限游戏有获胜者，那么这个游戏必须有一个明确的终结。有人获胜，有限游戏便终结了。"[205] 我们太多人正是错误地把婚姻当作了一场有限游戏：迎娶白富美，走上人生巅峰。这也正是前面讲到的到达的心智模式。我们往往没有认识到爱是一场无限游戏，爱的目的是延续爱，也就是为了获取爱的复利。

"事实上，无限游戏的唯一目的就是阻止游戏结束，让每个参与者都一直参与下去。"[206] 婚姻是爱的无限游戏里的风控，它的唯一目的就是阻止游戏结束，让每个相爱的人都一直相爱下去。

"无限游戏的过程中可以出现有限游戏，但无限游戏无法在有限游戏中进行。有限游戏无论输赢，在无限游戏参与者眼中都只是游戏过程的瞬间。"[207] 爱的无限游戏中可以出现吵架的有限游戏。吵架无论输赢，在相爱的人眼中都只是过程的瞬间。

"如果有限游戏的规则是参与者认同谁能赢的合同条款，那么无限游戏的规则就是参与者认同继续进行游戏的合同条款。因此，无限游戏的规则与有限游戏的规则不同。无限游戏的规则像活语言的语法，而有限游戏的规则像辩论的规则。在前者中，规则是让对话继续下去的方式；而在后者中，规则是让别人的讲话终结的方式。语言的规则，或曰语法，总是不断发展的，以确保话语有意义，而辩论的规则必须保持不变。"[208] 吵架的有限游戏要争个输赢，而婚姻是爱这个无限游戏的不断发展的规则。婚姻是一个动态的风控，一切为了让爱继续下去。

"无限游戏参与者会避开任何结果,对未来保持开放,令所有剧本作废,我们应该称无限游戏为传奇性的。"[209] 浪漫是无常中的有常、有常中的无常。爱本来就应该是传奇。

"由于无限游戏参与者准备好接受未来的惊奇,因此他们以完全开放的心态进行游戏。这里的开放并非指坦率,而是开放自己的弱点。这并不是暴露自己不变的个性——一如既往的真实自我,而是暴露自己不断的成长——有待成为的动态自我。无限游戏参与者不仅仅期待惊奇所带来的乐趣,也期待被它改变,因为惊奇虽不能改变一些抽象的过去,但可以改变自己个人的过去。"[210] 还记得吗,傅雷说的要尽量自然、不要做作。对婚姻要有成长信念。

"无限游戏参与者对游戏是否能继续的影响最小时,其表现就最好。正因此,他们以凡人之躯参加游戏。"[211] 也正因此,自由自在的人最可爱。

"无限游戏的乐趣,它的欢笑,来源于去尝试启动一件我们无法结束的事情。"[212] 这件事情就是爱的复利。

尾注

1.黄徽. 有温度的资本论[M]. 杭州：浙江大学出版社，2018.

2.根据民政部数据，2020年中国结婚登记813.1万对，离婚登记373.3万对。美国的统计数据是：2019年，在15岁以上女性中，每千人中有16.3起结婚，7.6起离婚。

3.黄徽. 对冲基金到底是什么[M]. 杭州：浙江大学出版社，2015."当保尔森在访谈中被问到他的投资哲学时，他说，第一，注意亏钱的那一边，赚钱的那一边会自己搞定（Watch the downside, the upside will take care of itself.）。而第二条其实是第一条的不同表述而已：赚钱不重要，重要的是不亏钱（It's not about making money, it's about not losing money.）。"

4.［美］德内拉·梅多斯，［美］乔根·兰德斯，［美］丹尼斯·梅多斯.增长的极限[M].李涛，王智勇，译.北京：机械工业出版社，2013."动态模型指出，任何按指数增长的量，以某种方式包含了一种正反馈回路。正反馈回路有时叫作'恶性循环'。"

5.吴伯凡，梁冬.欢喜[M].北京：中信出版社，2012."心智模式是一种思维定式，指我们在行动和表达的时候暗中遵循却又没有意识到的那个套路，管理大师彼得·圣吉就非常推崇'心智模式'的概念。"

6.［美］约瑟夫·熊彼特.资本主义、社会主义与民主[M].吴良健，译.北京：商务印书馆，1999.

7.［美］罗兰·米勒、［美］丹尼尔·珀尔曼.亲密关系[M].王伟平，译.5版.北京：人民邮电出版社，2011.

8.黄徽.有温度的资本论[M].杭州：浙江大学出版社，2018."说到财富的时候，世人总误以为是人与物之间的关系。而事实上，所有财富的本质都是人与人的关系。"

9.［法］米歇尔·福柯.性经验史[M].余碧平，译.上海：上海人民出版社，2005."用J.鲍斯维尔的话来说，婚姻'对于上流阶层来说在很大程度上是家族的、政治的和经济的事情'。至于穷人阶层，我们对他们的情况知之甚少。"

10.钱锺书.围城[M].北京：人民文学出版社，1980.

11.马克思恩格斯选集：第4卷[M].中共中央马克思恩格斯列宁斯大林著作编译局，编译.北京：人民出版社，2012.

12.［美］曼瑟·奥尔森.国家的兴衰：经济增长、滞胀和社会僵化[M]. 李增刚，译. 上海：上海世纪出版集团，2007. "如果每个家庭平均有两个孩子结婚，那么在上一代中的每个家庭到下一代的时候就成为两个，那么过不了几代，即使原本可以获得最大分享权的家庭能够分得的收益也会少得可怜。分利联盟在以后几代中保持其价值的唯一方式就是限制成员子女同另一个集团成员的子女结婚，否则就要剥夺其子女的大部分继承权。我猜想，印度的种姓制度主义采用的是第一种方法。""在长期中，多代特殊利益集团倾向于族内通婚。这对于南非白人、印度的种姓和欧洲的贵族都同样是正确的。"

13. 马克思恩格斯选集：第1卷[M]. 中共中央马克思恩格斯列宁斯大林著作编译局，编译. 北京：人民出版社，2012.

14. 王沪宁. 美国反对美国[M]. 上海：上海文艺出版社，1991.

15. ［英］达伯霍瓦拉. 性的起源：第一次性革命的历史[M]. 杨朗，译. 南京：译林出版社，2015. "为什么功利婚姻引起了如此的关注？最基本的理由在于一种日益尖锐的意识，即婚姻并不是一种永恒、神授的制度，而是一种脆弱的人类发明。直至宗教改革，婚姻都是一件圣事。可到了18世纪晚期，人们开始坚定地主张婚姻法则只是一种习俗，可以变化……"

16. ［美］罗兰·米勒，［美］丹尼尔·珀尔曼. 亲密关系[M]. 王伟平，译.5版. 北京：人民邮电出版社，2011. "所以，女性以年轻、美貌交换男性的社会地位、经济资源，这样的夫妻匹配就非常普遍。的确，全世界都这样。"

17. ［英］达伯霍瓦拉. 性的起源：第一次性革命的历史[M]. 杨

朗，译. 南京：译林出版社，2015."或者，一如塞缪尔巴特勒短短几十年后所言：婚姻纯粹就是一桩买卖。"

18.马克思恩格斯选集：第4 卷[M]. 中共中央马克思恩格斯列宁斯大林著作编译局，编译.3 版. 北京：人民出版社，2012.

19.［美］加里·斯坦利·贝克尔. 家庭论[M]. 王献生，王宇，译. 北京：商务印书馆，2011."一个有效的婚姻市场会提供'影子'价格，以指导婚姻参加者，使结婚的预期收益最大化。"

20.举个例子，网上有一个理论关于所谓MV 和PU："MV，英文原文是'mate value'，意为'婚姻市场价值'。这个相对比较容易理解。综合来说：受欢迎程度/ 需求度× 伴侣选择权，这就是每个人最终的婚姻市场价值。"

21.陈志武. 陈志武金融通识课[M]. 长沙：湖南文艺出版社，2018.

22.［法］西蒙娜·德·波伏娃. 第二性[M]. 郑克鲁，译. 上海：上海译文出版社，2011. 引文中的"前者"和"后者"指代的意思反了，特此说明。

23.［英］约翰·密尔. 论自由[M]. 许宝骙，译. 北京：商务印书馆，2015."本书的目的是要力主一条极其简单的原则，使凡属社会以强制和控制方法对付个人之事，不论所用手段是法律惩罚方式下的物质力量或者是公众意见下的道德压力，都要绝对以它为准绳。这条原则就是：人类之所以有理有权可以个别地或者集体地对其中任何分子的行动自由进行干涉，唯一的目的只是自我防卫。这就是说，对于文明群体中的任一成员，所以能够施用一种权力以反其意志而不失为正当，唯一的目的只是要防止对他人的危害。……任何人的行为，只有涉及他人的那部分才须对社会负责。在仅只涉及本人的那部分，他的独立性在权利上则是绝对的。对于本人自己，对于他自己的身和心，个人乃是最高主权者。"

24. [法]埃米尔·迪尔凯姆.自杀论[M].冯韵文，译.北京：商务印书馆，2013."在这种情况下，自杀必须被列为不道德的行为，因为自杀从基本原则上否定了人类一心追求的这个目标。有人说，自杀的人只是伤害他自己，而社会根据Volenti non fit injuria（愿望不构成伤害）这条古老的准则并没有介入。这是错误的。社会受到了损害，因为今天作为最受尊重的道德准则的基础、几乎是联系社会成员唯一纽带的感情受到了伤害，而且如果可以随意造成这种伤害的话，这种感情就会变得软弱无力。如果道德意识在这种感情遭到破坏时不提出抗议，那么这种感情怎么能保持最低限度的权威呢？自从人身被看成而且应该被看成一种神圣的东西、个人和群体都不能任意处置之时起，任何对人身的伤害都应该被禁止。哪怕伤害者和受害者是同一人，仅仅从采取这种行为的人本身受到这种行为的损害来说，这种行为给社会造成的损害也不会消失。"迪尔凯姆的解释需要讲回到给社会造成的损害，在我看来太绕了。

25. [法]米歇尔·德·蒙田.蒙田随笔全集[M].马振骋，译.上海：上海书店出版社，2011."美满婚姻的试金石和真正考验，是看两人的结合是否长久，是否甜蜜、忠诚和愉悦。"

26. 刘瑜. 送你一颗子弹[M]. 上海：上海三联书店，2010.

27. [芬兰]E.A. 韦斯特马克. 人类婚姻史[M]. 李彬，译. 北京：商务印书馆，2002."婚姻，通常被作为一种表示社会制度的术语。因此，可以给它下这样一个定义：得到习俗或法律承认的一男或数男与一女或数女相结合的关系，并包括他们在婚配期间相互所具有的以及他们对所生子女所具有的一定的权利和义务。这些权利和义务因民族而异，故而不能全都包括在一个通用的定义之中。不过，各个民族又必然有着某些共同的东西。结婚总是意味着性交的权利：社会不仅允许夫妻之间性交；而且一般说来，甚至认为彼此都有在某种程度上满足对方欲望的义务。但是，性交的权利，并不一定是排他性的。从法律观点上看，很难说婚姻具有排他性，只有与别人通奸被认为是一种足以使婚配一方提出离婚的罪过，而事实上并非总是这样。

同时，婚姻不仅仅规定了男女之间的性交关系，它还是一种从各方面影响到双方财产权的经济制度。在可能和必需的范围内，供养妻子和子女是丈夫的职责；同时，妻子和子女也有义务要为他做事。丈夫通常有权支配妻子和子女；但在多数情况下，他能支配子女的时间是有限的。父母的婚姻往往决定了新生儿在其所属社会结构中的地位；但是，如果考虑到非婚生子女在血统、继承权和继承顺序上经常得到同样的对待，那么，婚姻对于子女社会地位的影响，并不像人们有时强调的那样具有重要的决定性的作用。最后，男女之间的结合必须根据习俗或法律规则被确认为正式婚姻，而不管这些规则是什么样的规则。缔结婚姻一般需要征得当事者本人或他们父母的同意，或者必须得到他们本人及其父母的一致同意。"

［英］霭理士. 性与社会[M]. 潘光旦，胡寿文，译. 北京：商务印书馆，2016. 霭理士有一个更短的定义："两人或多人，实行暂时或永久的性结合而且同居，并以养育子孙后代为主要目的之一者，通常就叫作婚姻。这样组合的一群人构成一个家庭。这就是我们通常使用的'婚姻'和'家庭'这两个字眼的最恰当的定义，姑不论是说动物或是说人。"

28. 关于行为金融学请参考黄徽. 对冲基金到底是什么[M]. 杭州：浙江大学出版社，2015.

29. ［法］莫罗阿. 人生五大问题[M]. 傅雷，译. 北京：生活·读书·新知三联书店，2015.

30. ［法］爱弥尔·涂尔干. 乱伦禁忌及其起源[M]. 汲喆，付德根，渠东，译. 上海：上海人民出版社，2003. "所以，我们可以确定，婚姻能够产生一种道德上的影响，特别是对男性而言，可以给个人本身带来好处，因为它能够把个人与生活更紧密地结合起来。但是，与有些人从先验角度作出的预言截然相反，当个人很容易割断婚姻纽带时，他们会更容易离开。随着离婚现象的扩散，人们越来越难以感觉到这种值得庆幸的影响了。这是因为，婚姻通过限制激情，为男性赋予了一种道德姿态，使他的抵抗力越来越大。婚姻通过为欲望指派一种确定的、明确的和根本不变的对象，来防止这些欲望在追逐新奇多变的目标中，在实现目标时越来越感到厌倦，最终筋疲力尽，不再抱有幻想，暴弃终身；

防止心灵在追求不可能实现的或带有欺骗性的快乐中变得悲喜交加，空付一切。它更容易使内心获得内在的平静和平衡，这是道德健康和幸福的根本条件。然而，它只能产生这些影响，因为它对规定表现出了一种尊重的态度，这种规定在个人之间构建了一种社会约束关系。"

31.［美］罗兰·米勒，［美］丹尼尔·珀尔曼.亲密关系[M].王伟平，译.5版.北京：人民邮电出版社，2011."随意同居会损害人们对婚姻的积极态度和维持婚姻的决心，这种态度和决心是婚姻美满幸福的支柱。"

32.黄徽.对冲基金到底是什么[M].杭州：浙江大学出版社，2015.

33.［美］罗兰·米勒，［美］丹尼尔·珀尔曼.亲密关系[M].王伟平，译.5版.北京：人民邮电出版社，2011.

［日］渡边淳一.在一起，不结婚——事实婚，爱的新形式[M].刘玮，译.杭州：浙江文艺出版社，2013.真正的事实婚也是有风控意识的。所谓事实婚是指"缺少法律上的程序（申报），但事实上有实质性的夫妻关系，属于同居关系的一种"。

34.［美］约翰·戈特曼，［美］娜恩·西尔弗.爱的博弈：建立信任、避免背叛与不忠[M].穆君，伏维，译.杭州：浙江人民出版社，2014."恋爱的状态并非静止不变，而是会随着时间变化的。"

35.［法］莫罗阿.人生五大问题[M].傅雷，译.北京：生活·读书·新知三联书店，2015."婚姻不但是待你去做，且应继续不断把它重造的一件事。无论何时，一对夫妇不能懒散地说：'这一局是赢得了，且休息罢。'人生的偶然，常有掀动波澜的可能。且看大战曾破坏掉多少太平无事的夫妇，且看两性在成年期间所能遭遇的危险。所以要每天重造才能成就最美满的婚姻。"

36.我在此处讲的风控是比喻意义上的，因为追求爱的复利的过程本身就是比喻意义上的。而当陈志武教授讲到"随着婚姻家庭的经济功能和规避风险的功能逐步被市场取代，爱情在婚姻家庭中的分量越来越高"时，他讲的是现实的可以用金融市场解决的跨期价值交换的需要。

37.［美］纳西姆·尼古拉斯·塔勒布.反脆弱[M].雨珂，译.北京：中信出版社，2014.

38.［古希腊］柏拉图.会饮篇[M].朱光潜，译.// 朱光潜.朱光潜全集.合肥：安徽教育出版社，1991.我关于爱的定义，柏拉图在《会饮篇》中有相似的描述："一个人如果随着向导，学习爱情的深密教义，顺着正确次序，逐一观照个别的美的事物，直到对爱情学问登峰造极了，他就会突然看见一种奇妙无比的美。他的以往一切辛苦探求都是为着这个最终目的。这种美是永恒的，无始无终，不生不灭，不增不减的。它不是在此点美，在另一点丑；在此时美，在另一时不美；在此方面美，在另一方面丑；它也不是随人而异，对某些人美，对另一些人就丑。还不仅此，这种美并不是表现于某一个面孔，某一双手，或是身体的某一其他部分；它也不是存在于某一篇文章，某一种学问，或是任何某一个别物体，例如动物、大地或天空之类；它只是永恒地自存自在，以形式的整一永与它自身同一；（这就是所谓'绝对美'，它涵盖一切，独一无对无恃。）一切美的事物都以它为泉源，有了它那一切美的事物才成其为美，但是那些美的事物时而生，时而灭，而它却毫不因之有所增，有所减。总之，一个人从人世间的个别事例出发，由于对于少年人的爱情有正确的观念，逐渐循阶上升，一直到观照我所说的这种美，他对于爱情的深密教义也就算近于登峰造极了。这就是参悟爱情道理的正确道路，自己走也好，由向导引着走也好。先从人世间个别的美的事物开始，逐渐提升到最高境界的美，好像升梯，逐步上进，从一个美形体到两个美形体，从两个美形体到全体的美形体；再从美的形体到美的行为制度，从美的行为制度到美的学问知识，最后再从各种美的学问知识一直到只以美本身为对象的那种学问，彻悟美的本体。亲爱的苏格拉底，这种美本身的观照是一个人最值得过的生活境界，比其他一切都强。"

39.［英］路德维希·维特根斯坦.文化和价值[M].黄正东，唐少杰，译.南京：译林出版社，2011.

40.［英］毛姆.刀锋[M].周煦良，译.上海：上海译文出版社，2003.

41.许慎.说文解字[M].徐铉，校订.北京：中华书局，2013.

42.老子[M].汤漳平，王朝华，译注.北京：中华书局，2014.

43.钱穆.人生十论[M].2版.北京：生活·读书·新知三联书店，2012.

44.[古希腊]柏拉图.理想国[M].张竹明，译.南京：译林出版社，

2009.

45.［英］毛姆.月亮和六便士[M].傅惟慈，译.上海：上海译文出版社，2014."为什么你认为美——世界上最宝贵的财富——会同沙滩上的石头一样，一个漫不经心的过路人随随便便地就能够捡起来？美是一种美妙奇异的东西，艺术家只有通过灵魂的痛苦折磨，才能从宇宙的混沌中塑造出来。美在被创造出以后，它也不是为了叫每个人都能认出来的。要想认识它，一个人必须重复艺术家经历过的一番冒险。他唱给你的是一个美的旋律，要是想在自己心里重听一遍就必须有知识、有敏锐的感觉和想象力。"

46.钱穆.阳明学述要[M].北京：中国盲文出版社，2015.

47.［英］毛姆.刀锋[M].周煦良，译.上海：上海译文出版社，2003.

48.孟子[M].万丽华，蓝旭，译注.北京：中华书局，2007.

49.［德］艾·弗洛姆.爱的艺术[M].李键鸣，译.上海：上海译文出版社，2008."要求想掌握这门艺术的人有这方面的知识并付出努力"，"像学其他的艺术——如音乐、绘画、木工或者医疗艺术和技术一样的行动"。

50.［英］路德维希·维特根斯坦.文化和价值[M].黄正东，唐少杰，译.南京：译林出版社，1987.

51.施耐庵.水浒传[M].北京：人民文学出版社，1975.王婆在教西门庆如何去撩潘金莲的时候说："大官人，你听我说。但凡捱光的两个字最难。要五件事俱全，方才行得。第一件，潘安的貌；第二件，驴的大行货；第三件，要似邓通有钱；第四件，小，就要绵里针忍耐；第五件，要闲工夫。此五件，唤做'潘、驴、邓、小、闲'。五件俱全，此事便获着。"

52. [英]罗素. 西方哲学史[M]. 何兆武，李约瑟，译. 北京：商务印书馆，1976.

53. [美]罗兰·米勒，[美]丹尼尔·珀尔曼. 亲密关系[M]. 王伟平，译.5版. 北京：人民邮电出版社，2011.

54. [加]保罗·布卢姆. 摆脱共情[M]. 徐卓人，译. 杭州: 浙江人民出版社，2019.

55. 论语[M]. 陈晓芬，译注. 北京：中华书局，2016."子贡曰：'如有博施于民而能济众，何如？可谓仁乎？'子曰：'何事于仁，必也圣乎！尧舜其犹病诸！夫仁者，己欲立而立人，己欲达而达人。能近取譬，可谓仁之方也已。'"

56. [英]罗素. 为什么我不是基督徒[M]. 徐亦春，胡溪，渔仁，译. 北京：商务印书馆，2012.

57. 老子[M]. 汤漳平，王朝华，译注. 北京：中华书局，2014.

58. 有趣的是，韦氏词典app里，despise 的唯一反义词是 love，而love 的几个反义词中却没有despise。

59. [美]约翰·戈特曼，[美]娜恩·西尔弗. 幸福的婚姻[M]. 刘小敏，译. 杭州：浙江人民出版社，2014.

60. [德]艾·弗洛姆. 爱的艺术[M]. 李键鸣，译. 上海：上海译文出版社，2008.

61. 王沪宁. 政治的逻辑：马克思主义政治学原理[M]. 上海：上海

人民出版社，2004.

62. ［美］鲁尼·本尼迪克特. 菊与刀[M]. 吕万和，熊达云，王智新，译. 北京：商务印书馆，1990.

63. 老子[M]. 汤漳平，王朝华，译注. 北京：中华书局，2014.

64. 刘建鸿. 能不能用物质奖励孩子？[J]. 财新周刊.2016（30）.

65. ［美］马克·吐温. 汤姆·索亚历险记[M]. 雷晓红，于晓光，译. 合肥：安徽文艺出版社，1999.

66. ［挪威］易卜生. 易卜生文集：第五卷[M]. 潘家洵，译. 北京：人民文学出版社，1995."娜拉：说不上快活，不过说说笑笑凑个热闹罢了。你一向待我很好。可是咱们的家只是一个玩儿的地方，从来不谈正经事。在这儿我是你的'泥娃娃老婆'，正像我在家里是我父亲的'泥娃娃女儿'一样。我的孩子又是我的泥娃娃。你逗着我玩儿，我觉得有意思，正像我逗孩子们，孩子们也觉得有意思。托伐，这就是咱们的夫妻生活。"

67. 武志红. 为何家会伤人[M].2版. 北京：北京联合出版公司，2014.

68. ［美］罗兰·米勒，［美］丹尼尔·珀尔曼. 亲密关系[M]. 王伟平，译.5版. 北京：人民邮电出版社，2011.

69. 金庸. 射雕英雄传[M]. 北京：生活·读书·新知三联书店，1999.

70. ［美］乔纳森·海特. 象与骑象人：幸福的假设[M]. 李静瑶，译. 杭州：浙江人民出版社，2012.

71. 马克思恩格斯选集：第1卷[M]. 中共中央马克思恩格斯列宁

斯大林著作编译局，编译.3版.北京：人民出版社，2012.马克思《关于费尔巴哈的提纲》："人的本质不是单个人所固有的抽象物，在其现实性上，它是一切社会关系的总和。"

72.称为Zipf定律。

73.费孝通.乡土中国[M].北京：人民出版社，2008."中国乡土社会的基层结构是一种我所谓'差序格局'，是一个'一根根私人联系所构成的网络'。""从己向外推以构成的社会范围是一根根私人联系，每根绳子被一种道德要素维持着。社会范围是从'己'推出去的，而推的过程里有着各种路线，最基本的是亲属：亲子和同胞，相配的道德要素是孝和悌。'孝悌也者其为仁之本欤'。向另一路线推是朋友，相配的是忠信，'为人谋而不忠乎，与朋友交而不信乎？'"

74.[美]费正清.中国的世界秩序：传统中国的对外关系[M].杜继东，译.北京：中国社会科学出版社，2010."中国人与其周围地区，以及与一般'非中国人'的关系，都带有中国中心主义和中国优越的色彩。中国人往往认为，外交关系将中国国内体现于政治秩序和社会秩序的同一原则向外示范。因此，中国的外交关系也像中国社会一样，是等级制的和不平等的。久而久之，便在东亚形成一个大致相当于欧洲国际秩序的中外关系网格。不过，正如我们所看到的，'国际'甚或'邦际'这些名词对于这种关系似乎都不恰当。我们更愿意称它为中国的世界秩序。以中国为中心的、等级制的中国外交关系，所包括的其他民族和国家可以分为三个大圆：第一个是汉字圈，由几个最邻近而文化相同的属国组成，即朝鲜、越南（它们的一部分在古代曾受中华帝国的统治），还有琉球群岛，日本在某些短暂时期也属于此圈。第二个是内亚圈，由亚洲内陆游牧或半数游牧民族等属国和从属部落构成，它们不仅在种族和文化上异于中国，而且出于中国文化以外或边缘，有时甚至逼近长城。第三个是外圈，一般由关山阻绝，远隔重洋的'外夷'组成，包括在贸易时应该进贡的国家和地区，如日本、东南亚和南亚其他国家，以及欧洲。……中国的国外秩序与国内秩序如此息息相关，已经到了唇亡齿寒、休戚与共的地步：如果对外不能对付蛮夷使之臣服，国内的叛乱就易于发生。"

75. [法]卢梭. 爱弥儿[M]. 李平沤，译. 北京：商务印书馆，2012. "不要相信那些世界主义者了，因为在他们的著作中，他们到遥远的地方去探求他们不屑在他们周围履行的义务。这样的哲学家之所以爱鞑靼人，为的是免得去爱他们的邻居。"

76. 汪丁丁. 行为经济学讲义：演化论的视角[M]. 上海：上海人民出版社，2011.

77. 肉唐僧. 被劫持的私生活：性、婚姻与爱情的历史[M]. 太原：山西人民出版社，2008.

78. [美]提莫太·凯勒，[美]凯西·凯勒. 婚姻的意义[M]. 杨基，译. 上海：上海三联书店，2015.

79. 杨冰阳. 别拿男人不当动物[M]. 长春：时代文艺出版社，2011. 书中采访的集邮者的例子："我搜集过全星座全属相，也搜集过常见的那些男人幻想职业，例如OL（白领）、老师、护士、空姐、模特、警察……诸如此类。"

80.［古希腊］柏拉图. 会饮篇[M]. 朱光潜，译.// 朱光潜. 朱光潜全集. 合肥：安徽教育出版社，1991.

81.武志红. 为何家会伤人[M]. 2 版. 北京：北京联合出版公司，2014.

82.［美］提莫太·凯勒，［美］凯西·凯勒. 婚姻的意义[M]. 杨基，译. 上海：上海三联书店，2015."他们在寻找一个理想化的人：这个人愿意接纳自己的本相，补足自己的能力，并且满足自己的性欲和情感需求。"

83.［美］罗兰·米勒，［美］丹尼尔·珀尔曼. 亲密关系[M]. 王伟平，译. 5 版. 北京：人民邮电出版社，2011.

84.刘瑜. 送你一颗子弹[M]. 上海：上海三联书店，2010. 书中继续写道："偶然性是残忍的，但偶然性之美在于它的独一无二性。可以无限复制的东西是不美的，可以被无限复制的东西是不珍贵的，可以被无限复制的东西是工业流水线而已。"

85.荣格. 人生[M]. 郑丽，译.[M]. 长春：吉林出版集团股份有限公司，2017:182-183.

86-88.［美］罗兰·米勒，［美］丹尼尔·珀尔曼. 亲密关系[M]. 王伟平，译. 5 版. 北京：人民邮电出版社，2011.

89.［法］莫罗阿. 人生五大问题[M]. 傅雷，译. 北京：生活·读书·新知三联书店，2015.

90.［奥地利］阿弗雷德·阿德勒. 自卑与超越[M]. 李青霞，译. 沈阳：沈阳出版社，2012."如果父母的婚姻幸福美满，孩子也会对婚姻有更大的信心。因为孩子对于婚姻的早期认识就是从父母那里得到的。家庭支离破碎的孩子,总会遇到更多的困难。如果父母的婚姻无法达到合作,又怎能把这种精神传达给孩子?当我们考察一个人是否适合结婚时,应该经常去观察他的成长环境以及其对父母和兄弟姐妹的看法。"

91. 迷因(模因)源自英国著名科学家理查德·道金斯(Richard Dawkins)所著的《自私的基因》(The Selfish Gene)一书,其含义是指"在诸如语言、观念、信仰、行为方式等的传递过程中与基因在生物进化过程中所起的作用相类似的那个东西"。

92. 网络上有篇流传较广的文章——比能力重要1000倍的,是你的底层操作系统,其中提出的底层操作系统概念和我这里讲的相像,但是不完全一致。文中说:"如果把人想象成一部手机,人的情绪是底层的操作系统,他的能力只是上面一个个的app。"文中有一句挺有意思的话:"愉悦指引方向,痛苦提供能量,恐惧决定边界。"我为什么在《治理的逻辑》书末祝福读者"愿你温暖、无所畏惧",也正是因为恐惧决定边界。无所畏惧的人生才能limitless(无限的),慈悲无界。

93. [奥地利]阿弗雷德·阿德勒.自卑与超越[M].李青霞,译.沈阳:沈阳出版社,2012.

94-95. 傅雷.傅雷家书[M].天津:天津社会科学院出版社,2006.

96. 论及贝叶斯分析的实战,统计学家安德鲁·格尔曼(Andrew Gelman)给出的建议是:"不要用一致分布,一般情况下不要设边界。如果你认为参数会在0和1之间而选用了Uniform(0，1)，改用Normal(0.5，0.5)试试。"教科书推荐的beta(0.5，0.5)是个两头翘的分布，即更大的概率在0和1两头，"生当作人杰，死亦为鬼雄"；而Gelman推荐的正态分布Normal(0.5，0.5)的钟形曲线则是故意把概率更多地放在中间。

97.论语[M].陈晓芬，译注.北京：中华书局，2016.

98.[德]约翰·沃尔夫冈·冯·歌德.少年维特的烦恼[M].杨武能，译.北京：人民文学出版社，1999.

99.吴清源.中的精神[M].北京：中信出版社，2003.

100.刘瑜.送你一颗子弹[M].上海：上海三联书店，2010.

101.[美]提莫太·凯勒，[美]凯西·凯勒.婚姻的意义[M].杨基，译.上海：上海三联书店，2015."你应当在将来伴侣里面寻找的，正是这种全面的吸引力。有很多人选择配偶的依据是外表和钱财——不看重品格、使命、将来以及'神秘线索'——结果发现他们找了一个自己并不那么尊重的人。你可以有意识地放弃原先默认的'金钱、外表、面子'这些筛选模式，然后寻找对某个人的感觉，也就是这种全面的吸引力。如果你这样做，就会发现（可能一开始会吓一跳），自己所喜欢的是某些按照原先的评价标准不会予以考虑的人。"

102.钱锺书.围城[M].北京：人民文学出版社，1980.

103-104.马克思恩格斯选集：第1卷[M].中共中央马克思恩格斯列宁斯大林著作编译局，编译.3版.北京：人民出版社，2012.

105.［美］罗兰·米勒，［美］丹尼尔·珀尔曼. 亲密关系[M]. 王伟平，译. 5版. 北京：人民邮电出版社，2011.

106.转引自［印］阿玛蒂亚·森. 正义的理念[M]. 王磊，李航，译. 北京：中国人民大学出版社，2012.

107.［美］约翰·戈特曼，［美］娜恩·西尔弗. 爱的博弈：建立信任、避免背叛与不忠[M]. 穆君，伏维，译. 杭州：浙江人民出版社，2014：97.

108.新华社. 如何理解党的政治规矩[EB/OL].http：//theory.people.com.cn/n1/2016/1205/c40531-28925787.html"这些优良传统和工作惯例，看着没有白纸黑字的规定，没有形成条文，但都是一种传统、一种范式、一种要求，是重要的规矩，因而必须遵循和遵守。"

109-111.［美］约翰·戈特曼，［美］娜恩·西尔弗. 爱的博弈：建立信任、避免背叛与不忠[M]. 穆君，伏维，译. 杭州：浙江人民出版社，2014：65.

112.黄徽. 有温度的资本论[M]. 杭州：浙江大学出版社，2018.

113.［印］莫罕达斯·卡拉姆昌德·甘地. 甘地自传[M]. 钟杰，译. 北京：北京联合出版公司，2014.

114.［英］罗素. 幸福婚姻与性[M]. 陈小白，译. 北京：华夏出版社，2014.

115.［美］罗伯特·J. 斯腾伯格，［美］凯琳·斯腾伯格. 爱情心理学（最新版）[M]. 李朝旭等，译. 北京：世界图书出版公司，2010.

116.［美］罗伯特·J.斯腾伯格，［美］凯琳·斯腾伯格.爱情心理学（最新版）[M].李朝旭等，译.北京：世界图书出版公司，2010."显然，'应答性'向伙伴提供他/她能用到的支持、物品、信息、评价和金钱。不太明显的是，它向伙伴提供一种持续的安全感——这种安全感使他/她能够放松，享受生活，探索并且获得成就，让他/她知道自己并非孤身一人追求幸福。得知另一个人也在关注自己的幸福，至少在某种程度上能使人较少关注自身，特别是不再过多保护自身，从而把注意力放在其他方面，包括关系中的伙伴身上。同时，它传达着伙伴是真正关心自己的。反过来，这又会使人产生舒服的自我开放，表露情绪，坦陈需要，寻求和接受帮助，分享目标，显示出创造性，并且参与合作性的活动——所有这些本身会引发进一步'应答性'。缺失应答性的证据显示，一个人关心的事情、情绪、目标和创造性常被牢牢地看护着，因为一个不关心自己的伙伴可能会用这些信息来利用或者伤害一个人。"

117.这句话原是张爱玲题在给胡兰成的照片上的："见了他，她变得很低很低，低到尘埃里，但她心里是欢喜的，从尘埃里开出花来。"请注意我这里强调的是彼此双方都把身段放得很低很低。张爱玲则恐怕只是单方面的，因为胡兰成的写法是："一夫一妇原是人伦之正，但亦每有好花开出墙外，我不曾想到要避嫌，爱玲这样小气，亦糊涂得不知道妒忌。"

118.［美］盖瑞·查普曼.爱的五种语言[M].王云良，译.北京：中国轻工业出版社，2006.

119.VAK（Visual 视觉, Auditory 听觉, Kinesthetic 动觉）学习风格模型，后来发展为VARK，即Visual 分成Visual 和Read/Write。

120-121.［法］西蒙娜·德·波伏娃. 第二性[M]. 郑克鲁，译. 上海：上海译文出版社，2011.

122.［美］罗兰·米勒，［美］丹尼尔·珀尔曼. 亲密关系[M]. 王伟平，译. 第5版. 北京：人民邮电出版社，2011.

123.［美］艾里希·弗洛姆. 逃避自由[M]. 刘林海，译. 北京：国际文化出版公司，2007.

124.李银河. 中国人的性爱与婚姻[M]. 郑州：河南人民出版社，1996.

125.肉唐僧. 被劫持的私生活：性、婚姻与爱情的历史[M]. 太原：山西人民出版社，2008.

126.还有另一组问答："问：你心中的完美爱情是怎么样的？答：可以有不完美。"

127.Luciano E C, Orth U. Transitions in Romantic Relationships and Development of Self-Esteem. *Journal of Personality & Social Psychology*，2017,112（2）.

128.结婚都"拖拖拉拉"，还怎么生孩子？这个省平均结婚年龄已达34岁[EB/OL].(2018-8-19)[2021-6-17]. 每日经济新闻.https://baijiahao.baidu.com/s?id=1609229832809943130&wfr=spider&for=pc."随着经济社会发展、高等教育普及和城市化程度提升，中国居民初婚年龄在近40年来出现普遍提升。1980年通过的婚姻法将法定结婚年龄由此前的'男20岁、女18岁'调高至'男22岁、女20岁'。而到2016年，时任原国家卫计委法制司司长张春生向媒体披露，目前我国初婚年龄已上升至25岁。而在一些发达地区，初婚年龄甚至已上升到了30岁以上的高位。例如，江苏省民政厅今年1月发布的数据显示，2017年，江苏人平均初婚年龄为34.2岁，其中女性34.3岁，男性34.1岁。江苏13个市的平均初婚年龄都达到30岁以上，即使是结婚最早的苏州人，平均初婚年龄也达到了30.2岁。"

民政部重磅数据：中国结婚率连降4年至7.7%！"30+"结婚越来越多……[EB/OL].(2018-8-31)[2021-6-17]21世纪经济报道.https://baijiahao.baidu.com/s?id=1610301339477586863&wfr=spider&for=pc."如上海市民政局公布的2012年结婚离婚情况专报称：上海男性平均初婚年龄首达30岁；而来自南京市民政局的统计显示，2015年南京人初婚登记总平均年龄达到30.4岁，比2014年进一步延迟0.3岁。2016年，南京市的初婚年龄进一步增长至31.6岁。而2017年，初婚平均年龄达到了32.6岁。而南宁市统计局发布的数据显示：2017年全市内地居民结婚登记53051对，当事人平均年龄29.9岁，从全市近5年的情况来看，结婚登记数量逐年下降，当事人初婚平均年龄逐年增大。"

129.Albert_JIAO.死理性派恋爱法：拒绝掉前面37%的人[EB/OL].(2011-2-14)[2021-6-17] https://m.guokr.com/

article/6768.

130. 徐剑梅."数"说美国人的爱情和婚姻[EB/OL].(2018-2-14)[2021-6-17]https://baijiahao.baidu.com/s?id=1592358558574130233&wfr=spider&for=pc.

131. [古希腊]亚里士多德. 政治学[M]. 颜一，秦典华，译. 北京：中国人民大学出版社，2003.

132. [美]加里·斯坦利·贝克尔. 家庭论[M]. 王献生，王宇，译. 北京：商务印书馆，2011."最近，一夫多妻现象大大减少，现在，世界上只有不到10%的人口仍然生活在一夫多妻社会里。这种减少被归因于基督教的传播和妇女权利的增加。但我对这种解释持怀疑态度。只有在对一夫多妻的需求疲软时，倡导一夫一妻制的教义才有吸引力。本章正是要说明，妇女会从一夫多妻制中获益。我将根据男女双方从一夫多妻和一夫一妻的婚姻中所获得的相对收益，来分析一夫多妻制现象。这些收益取决于男女在收入和教育上的不平等，也取决于其他影响家庭和市场生产效率之变量的不平等，还取决于他们对产出的边际贡献、供给家庭投入量间的替代自由度。一夫多妻现象的减少与这些收益的变化相关，而与宗教教义的广泛传播或妇女权利的增加无关。"

133. [美]加里·斯坦利·贝克尔. 家庭论[M]. 王献生，王宇，译. 北京：商务印书馆，2011."虽然一夫多妻的男人把他们的大部分资源都分配到每个妻子身上，但是，如果男人有较丰富的资源和更充足、有效的生产功能，那么，妇女们可能还乐意与这些一夫多妻的男人们结婚。也就是说，妇女们宁愿选择一部分'成功者'，而不愿选择一个'失败者'。"

134.［美］加里·斯坦利·贝克尔.家庭论[M].王献生，王宇，译.北京：商务印书馆，2011."反对一夫多妻制的团体声称，一夫多妻制是对妇女的剥削，它降低了妻子的地位。然而，我对效率和竞争的婚姻市场的分析却表明：如果一夫多妻的范围主要取决于妇女对产出的边际贡献，那么，当一夫多妻现象更为普遍时，妇女的收入会更多，男人对妻子的竞争也会更激烈。这种观点为下述事实所佐证，即，在一夫多妻的关联较高的社会里，聘金更加司空见惯，新娘的价格往往也较高。"

135.转引自薛兆丰.薛兆丰经济学讲义[M].北京：中信出版社，2018.

136.［美］玛丽娜·艾德谢德.爱情市场：你必须了解的性与爱的经济学[M].斯塔夏，译.北京：新星出版社，2017."第二种假设是大部分欧洲国家有着持久的分权割据历史，而一夫一妻制是给广大群众的一份礼物，用以确保他们继续支持统治阶层。……就算没有民主制度，明智的独裁者也会推行一夫一妻制——如果他想保住脑袋的话。经济学家尼尔斯-彼得·拉格罗夫发展了一个模型来建立这个概念：独裁统治者会施行法律以禁止一夫多妻制，尽管自己也要付出仅能娶一位妻子的代价，但为了使广大民众趋于和平也是值得的。"

137.［英］罗素.幸福婚姻与性[M].陈小白，译.北京：华夏出版社，2014.

138.［英］达伯霍瓦拉.性的起源：第一次性革命的历史[M].杨朗,译.南京：译林出版社，2015.

139.［美］罗兰·米勒,［美］丹尼尔·珀尔曼.亲密关系[M].王伟平,译.5版.北京：人民邮电出版社，2011.

140.参考知乎问题"为什么现在男女比例不是1：1？"情况没有那么糟的一个原因是男性比女性寿命短。

141.刘瑜.送你一颗子弹[M].上海：上海三联书店，2010."虽说爱的深度和爱的广度之间，很可能有一个互换性，但我总觉得，真爱是一个对深度而不是对数量的体验。"

142.［美］加里·斯坦利·贝克尔.家庭论[M].王献生,王宇,译.北京：商务印书馆，2011.

143.［英］霭理士.性心理学[M].潘光旦,译.北京：商务印书馆，1999."婚姻不只是一个性爱的结合。这是我们时常忘怀的一点。在一个真正'理想的'婚姻里，我们所能发现的，不只是一个性爱的和谐，而是一个多方面的而且与年俱进的感情调协，一个趣味与兴会的结合，一个共同生活的协力发展，一个生育子女的可能的合作场合，并且往往也是一个经济生活的单位集团。婚姻生活在其他方面越来越见融洽之后，性爱的成分反而见得越来越不显著。性爱的成分甚至于会退居背景以至于完全消散，而建筑在相互信赖与相互效忠的基础之上的婚姻还是一样的坚定而震撼不得。"

144.［美］罗兰·米勒,［美］丹尼尔·珀尔曼.亲密关系[M].王伟平,译.5版.北京：人民邮电出版社，2011.美国的数据是

"大部分丈夫和妻子在结婚后从未与其他的人发生过性行为，但约有五分之一的妻子和三分之一的丈夫有婚外性行为。"

145.马克思，恩格斯.马克思恩格斯选集：第1卷[M].中共中央马克思恩格斯列宁斯大林著作编译局，编译.3版.北京：人民出版社，2012.

146.［英］达伯霍瓦拉.性的起源：第一次性革命的历史[M].杨朗，译.南京：译林出版社，2015."其中之一是，男性自由的发展确实导致了在结婚名义下的偷情与通奸现象之增加。约瑟夫·普利斯特里在1778年说：'那些因为男人真的许诺结婚而失足的女人，其数量远不及那些纯粹被人诱奸的。'"

147.［美］史蒂芬·列维特，［美］史蒂芬·都伯纳.魔鬼经济学3：用反常思维解决问题[M].汤珑，译.北京：中信出版社，2016."你或许曾为酒价的天壤之别而震惊。高价酒当真更好喝吗？"答案是不。

148.［英］罗素.幸福婚姻与性[M].陈小白，译.北京：华夏出版社，2014.

149.［德］康德.法的形而上原理——权利的科学[M].沈叔平，译.北京：商务印书馆，1991."家庭关系由婚姻产生，婚姻由两性间自然交往或自然的联系而产生。两性间的自然结合体的产生，或者仅仅依据动物的本性，或者依据法律。后一种就是婚姻，婚姻就是两个不同性别的人，为了终身互相占有对方的性官能而产生的结合体。他们生养和教育孩子的目的可以永久被认为是培植彼此欲望和性爱的自然结果，但是，并不一定要按此来规定婚姻的合理性，即在婚前不能规定务必生养孩子是他们成为结合体的目的，否则，万一不能生养孩子时，该婚姻便会自动瓦解。"

150. [德] 康德. 法的形而上原理——权利的科学[M]. 沈叔平，译. 北京：商务印书馆，1991."尽管可以认为互相利用性官能的欢乐是婚姻的目的，但是，婚约并不能据此而成为一种专横意志的契约，它是依据人性法则产生其必要性的一种契约。换言之，如果一男一女愿意按照他们的性别特点相互地去享受欢乐，他们必须结婚，这种必须是依据纯粹理性的法律而规定的。"

151. [德] 康德. 实践理性批判[M]. 韩水法，译. 北京：商务印书馆，1999.

152. [德] 康德. 法的形而上原理——权利的科学[M]. 沈叔平，译. 北京：商务印书馆，1991."这种自然的性关系——作为两性间互相利用对方的性官能——是一种享受。为此，他们每一方都要委身于对方。在这种关系中，单个的人把自己成为一种'物'，这与他本人的人性权利相矛盾。可是，这种情况只有在一种条件下可以存在，即一个人被另一个人作为'物'来获得，而后一个人也同样对等地获得前一个人。这就恢复并重新建立了理性的人格。由于这种结合，获得人身的一部分器官，同时就是获得整个人。因为人是一个整体，这种获得发生在彼此性官能的交出和接受后；或者，一个性器官与另一性器官发生关系，在结婚的条件下，不仅仅是可以允许的，而且在此条件下，进而是唯一真正可能的。可是，这样获得的人权，同时又是'物权性质'的。这种权利的特殊性，可以由下述事例来确定：例如已结婚的双方，如有一方逃跑或为他人所占有，另一方有资格在任何时候，无须争辩地把此人带回到原来的关系中，好像这个人是一件物。根据同样理由，婚姻双方彼此的关系是平等的占有关系，无论在互相占有他们的人身以及他们的财物方面都如此。因此，只有一夫一妻制的婚姻才真正实现这种平等关系，因为在一夫多妻或一妻多夫制中，一夫或一妻委身于对方，而他或她只能获得对方中的一人，即获得当时委身于他（她）的那一个人而已，因此也就变成一种纯粹的物了。至于他们的财物，他们各人都有放弃使用这些财物的任何一部分的权利，虽然这仅仅需要通过一项特殊的契约。"

153.英文是"Everything in the world is about sex except sex. Sex is about power."这句话也出现在美剧《纸牌屋》中。中英文互联网世界里的主流说法是这句话源自王尔德的私信：https://www.quotes-clothing.com/everything-sex-except-sex-about-power-oscar-wilde/。也有人怀疑说其实是Robert Michels写的。https://skeptics.stackexchange.com/questions/24100/what-is-the-original-source-of-everything-in-the-world-is-about-sex-except-sex。

154.张爱玲.张爱玲全集[M].北京：北京十月文艺出版社，2009."又有这句谚语：'到男人心里去的路通过胃。'是说男人好吃，碰上会做菜款待他们的女人，容易上钩。于是就有人说："到女人心里的路通过阴道。""

155.［美］西恩·贝洛克.具身认知：身体如何影响思维和行为

[M]. 李盼, 译. 北京：机械工业出版社, 2016.

156.举两个例子。网上有一个MV和PU的理论，MV在前面的尾注中提到过。PU，英文原名是"Paternity Uncertainty"，意为"亲子不确定性"，指男性对后代的不确定感。它是男性在长期进化过程中奠定的一种心理机制，来源于进化心理学的一个假说。在整个人类进化历史中，男性一直面临着父亲身份不确定的问题，女人可以百分百确定自己的孩子，但男人永远无法确定孩子是否是自己亲生的，这种存疑性构成了整个男性心理的基石，使得男女在情感中的意识截然不同。PU的高低直接决定了大部分男性对于后代以及伴侣的投入多寡。简单来说，当我们提到女人PU高，意思是她看起来让男性不怎么放心，所以可以简单理解为：PU是男人的安全感，也就是这个女人看起来可靠不可靠。值得注意的是，即使在拥有亲子鉴定技术的今天，男人们也依然沿用这种生物本能的心理机制来选择和确定终身伴侣。

果壳网上有篇文章讲到一夜情都是基因惹的祸：从生物学的角度讲，个体存在的最高目的，无非就是把自己的基因传递下去。男人喜欢一夜情的原因很好理解——通过与多个性伴发生关系，他们可以尽可能多地传播自己的基因。而对于女性而言，虽然多性伴的关系很危险，但也有一样好处——她们可以为自己的后代挑选优良基因。她固然不大可能吸引一个条件比她好很多的男人与她建立长期的伴侣关系，但和他发生一夜情，从而获得那个优秀男人的基因，看起来也是个不错的主意。

157.孟子[M]. 万丽华, 蓝旭, 译注. 北京：中华书局, 2007.

158.马克思恩格斯选集: 第3 卷[M]. 中共中央马克思恩格斯列宁斯大林著作编译局, 编译. 3 版. 北京：人民出版社，2012.

159.［美］提莫太·凯勒，［美］凯西·凯勒. 婚姻的意义[M]. 杨基, 译. 上海：上海三联书店，2015."保罗认为，当一个人把他的身体奉献给另一个人，而又不愿意同时将整个生命也奉献给这个人，这根本就是自相矛盾。C.S. 路易斯把婚外性行为，比作只是品尝食物而不吞咽消化。这个比喻是很恰当的。"

刘瑜. 送你一颗子弹[M]. 上海：上海三联书店，2010. 书中也写道："我有一个毫无根据的理念，并且对此坚信不疑：一个人感情的总量是有限的，如果你把它给零敲碎打地用完了，等到需要大额支出的时候，你的账号就已经空了。所以约会文化最大的弊端，就是它的挥霍性。现代人冲向dating（约会）市场，就像一个饥饿的人冲向一次自助餐，他东一勺子，西一筷子，每一个菜都是浅尝辄止，但每一个菜都没有留下回味的余地。"

160.黄徽. 有温度的资本论[M]. 杭州：浙江大学出版社，2018.

161.美国电影《阳光小美女》中有这样一段台词："你知道马塞尔·普鲁斯特吗？法国作家，彻头彻尾的失败者，从没有过一份真正的工作，得不到回报的单相思，同性恋。花了二十年的时间写了一本书，几乎没有人读。但他也可能是莎士比亚之后最伟大的作家。不管怎样，他到了生命的最后时刻，回首往事，审视从前所有的痛苦时光，觉得痛苦的日子才是他生命中最好的日子。因为那些日子塑造了他。那些开心的年头呢？彻底浪费了，什么都没有学到。"

162.［芬兰］E.A.韦斯特马克.人类婚姻史[M].李彬，译.北京：商务印书馆，2002.

163.Becker Sascha O ,Ludger Woessmann. Was Weber wrong? A human capital theory of protestant economic history[J] *Quarterly Journal of Economics*.2009, (124)2. 近来的学术研究认为，重要的不是信仰，而是教育。比如新教地区经济之所以繁荣是因为阅读圣经的教学促进了对经济繁荣至关重要的人力资本的发展，19世纪普鲁士的数据表明新教不仅和经济繁荣相关，也和更好的教育相关。新教地区的高识字率解释了所有的经济繁荣上的差别。

164.沈复.浮生六记[M].高崖子，译.北京：作家出版社，2016.

165.［英］霭理士.性与社会[M].潘光旦，胡寿文，译.北京：商务印书馆，2016：638-639.

166.馒头家的花卷.在爱尔兰，为婚姻加个期限？[EB/OL].(2011-1-12)[2021-6-17]https://www.guokr.com/article/5014/.

167.［英］达伯霍瓦拉.性的起源：第一次性革命的历史[M].杨朗，译.南京：译林出版社，2015.在英国的历史上，"我们可以初步但明确地以非婚生子的数量来对此衡量。在17世纪，这一数字非常低，1650年左右大约只有1%的新生儿属于私生。此后其数量不断攀升，屡创新高。到了1800年，所有女性中约有四分之一，其第一胎是非婚生的。"

［美］提莫太·凯勒，［美］凯西·凯勒.婚姻的意义[M].杨

基，译. 上海：上海三联书店，2015. 在美国，"在1970年，所有新生婴儿中，89%的父母是已婚夫妇，但今天这个比例却降至60%。"

［美］罗兰·米勒，［美］丹尼尔·珀尔曼. 亲密关系第5版[M]. 王伟平，译. 北京：人民邮电出版社，2011."2005年在美国出生的婴儿超过三分之一（37%）是由未婚妈妈生育的，这也创了历史新高。"

168.肉唐僧. 被劫持的私生活：性、婚姻与爱情的历史[M]. 太原：山西人民出版社，2008."如今，西方各国的同居者越来越倾向于男女双方都有各自的住所，这使得他们的情况与单身之间很难界定。现在认定某两人是同居关系，并不意味着这两个人一定要共享住宅。"

169.［日］渡边淳一. 在一起，不结婚——事实婚，爱的新形式[M]. 刘玮，译. 杭州：浙江文艺出版社，2013."但在事实婚中，大多数情况下，双方的财产是分开的，有生活费男女双方各出一半的，也有其中一方负担较多的。孩子们的抚养费、学费也由双方商量决定。"

170.［日］渡边淳一. 在一起，不结婚——事实婚，爱的新形式[M]. 刘玮，译. 杭州：浙江文艺出版社，2013.

171.［奥地利］阿弗雷德·阿德勒. 自卑与超越[M]. 李青霞，译. 沈阳：沈阳出版社，2012. 阿德勒写道："如果我们把自己的婚姻期限规定为一段时期或者只规定一个试婚期，我们就不可能感受到真正的婚姻幸福。"他的理由是"如果我们双方都为婚姻留有退路，便不可能为对方付出一切。……那些在婚姻中存有私心并想方设法从中逃脱的人都将步入歧途。他们的退缩定会损害对方的利益，从而致使对方也不再信任这份感情，从而不再履行当初的誓言，最终分道扬镳。""刚刚好关系"假设双方都不存私心。

172. ［美］贝克尔，［美］波斯纳. 反常识经济学[M]. 李凤, 译. 北京：中信出版社，2011.

173. 刘瑜. 送你一颗子弹[M]. 上海：上海三联书店，2010.

174. ［美］提莫太·凯勒，［美］凯西·凯勒. 婚姻的意义[M]. 杨基，译. 上海：上海三联书店，2015.

175. ［美］罗兰·米勒，［美］丹尼尔·珀尔曼. 亲密关系[M]. 王伟平，译. 5版. 北京：人民邮电出版社，2011.

176. ［日］渡边淳一. 在一起，不结婚——事实婚，爱的新形式[M]. 刘玮，译. 杭州：浙江文艺出版社，2013.

177. 三篇文献分别是：Kutob R M, et al. Relationship Between Marital Transitions, Health Behaviors, and Health Indicators of Postmenopausal Women: Results from the Women's Health Initiative[J]. *Journal of Womens Health*. 2017, 26(4). 论文指出，与早期的文献相反，这些在受过良好教育、主要是非西班牙裔白人妇女中的发现表明，绝经后的婚姻状态变化伴随着可改变的健康结果/行为，对经历离婚/分居的妇女比进入新婚姻的妇女更有利。

Kalmijn Matthijs. The Ambiguous Link between Marriage and

Health: A Dynamic Reanalysis of Loss and Gain Effects. *Social Forces*,2017 (95). 论文指出，如果婚姻有益健康，那么，人们婚后报告的整体健康状况应该好于单身时，疾病应该少于单身时。如果婚姻所谓的益处具有累积效应，那么，人们应该在婚姻过程中变得更加健康。但事实并非如此。人们婚后报告的健康状况比单身时更差了一点。随着时间的推移，他们的健康状况没有改善，而是往往在恶化——即使将衰老引起的健康状况变化考虑在内。在疾病方面，婚姻根本没有产生任何影响。与单身时相比，婚后人们所患的疾病并没有增加或减少，他们的疾病水平也没有随着婚姻的延续而发生变化。

Tumin Dmitry.Does Marriage Protect Health? A Birth Cohort Comparison*. *Social Science Quarterly*.2017(3). 论文的结论是，婚姻对妇女的主观健康的适度好处在近年来的群组中已经被削弱。

178. [美]提莫太·凯勒，[美]凯西·凯勒. 婚姻的意义[M]. 杨基，译. 上海：上海三联书店，2015.

179. [美]加里·斯坦利·贝克尔. 家庭论[M]. 王献生，王宇，译. 北京：商务印书馆，2011."婚后不久就出现的婚姻破裂，主要是由于婚前市场信息的不完全性以及婚后信息的充分积累所造成的。""那些婚后不久即离婚的妇女认为，她们对婚姻失望的主要原因是夫妇双方之间的互不相让以及价值观念的冲突。""的确，其他妇女的插足和经济上的冲突常常会成为结婚数十年后的妇女要求离婚的主要理由。"

180.［美］威廉·福克纳. 押沙龙, 押沙龙！[M]. 李文俊, 译. 上海：上海译文出版社, 2010.

181.［美］加里·斯坦利·贝克尔. 家庭论[M]. 王献生, 王宇, 译. 北京：商务印书馆, 2011. 即使是经济利己主义的鼻祖亚当·斯密, 也承认家庭内部的利他主义。"然而, 一般认为在家庭内部利他主义却是十分重要的。亚当·斯密还曾说过：'每一个人都会比其他人更敏感地感受到自己的快乐与痛苦……除了他们自己以外, 通常与他们一起生活的家庭成员, 比如他们的父母、他们的孩子和兄妹等, 都是他们最为钟爱的对象, 也就自然地经常成为对他们的幸福或者痛苦有着最大影响的人'。"

182.马克思恩格斯选集：第1卷[M]. 中共中央马克思恩格斯列宁斯大林著作编译局, 编译. 3版. 北京：人民出版社, 2012. "资产阶级在它已经取得了统治的地方把一切封建的、宗法的和田园诗般的关系都破坏了。它无情地斩断了把人们束缚于天然尊长的形形色色的封建羁绊, 它使人和人之间除了赤裸裸的利害关系, 除了冷酷无情的'现金交易', 就再也没有任何别的联系了。"

183.［英］休谟. 人性论[M]. 关文运, 译. 郑之骧, 校. 北京：商务印书馆, 2012.

184.［德］哈贝马斯. 交往行为理论：行为合理性与社会合理化[M]. 曹卫东, 译. 上海：上海人民出版社, 2004.

185-186.唐士其. 西方政治思想史（修订版）[M]. 北京：北京大学出版社, 2002.

187.［德］哈贝马斯. 公共领域的结构转型[M]. 曹卫东等, 译. 上海：学林出版社，1999.

188.张爱玲.半生缘[M].北京：北京十月文艺出版社，2009.

189.［美］兰德尔·柯林斯.暴力：一种微观社会学理论[M].刘冉，译.北京：北京大学出版社，2016.

190.［美］马歇尔·卢森堡.非暴力沟通[M].阮胤华，译.北京：华夏出版社，2016.非暴力沟通的四个要素是观察、感受、需要、请求。关于其具体含义，请参考卢森堡的原著。

191.［美］提莫太·凯勒，［美］凯西·凯勒.婚姻的意义[M].杨基，译.上海：上海三联书店，2015.

192.［美］哈尔·爱德华·朗克尔.零吼叫养出100%的好孩子[M].陈玉娥，译.重庆：重庆出版社，2010.

193.［美］罗兰·米勒，［美］丹尼尔·珀尔曼.亲密关系.王伟平，译.5版.北京：人民邮电出版社，2011.

194.黄徽.有温度的资本论[M].杭州：浙江大学出版社，2018."请允许我造一个词，鄙视焦虑（despise anxiety）。这个社会里大家都挺焦虑。焦虑主要是源于对被鄙视的恐惧。在贪婪和恐惧两大人性中，从来都是恐惧比贪婪更重要一些。在鄙视链的生存斗争中，恐惧是比贪婪更重要的驱动力。我们恐惧被鄙视，因为我们以为爱都是有条件的，达不到条件就不会被爱，就会被鄙视。姑娘为什么要去做医美整容，因为她觉得被爱是基于她漂亮的外貌，不漂亮就会被鄙视。在生活中还常见到在对孩子教育的过程中给爱预设条件：你不乖的话妈妈就不喜欢你了，你不好好听课老师就不喜欢你了。"

195.［法］米歇尔·德·蒙田. 蒙田随笔全集[M]. 马振骋，译. 上海：上海书店出版社，2011.

196.黄徽. 有温度的资本论[M]. 杭州：浙江大学出版社，2018."如果可以运用计量方法创造出一个鄙视溢价综合水平指数，相信它是可以帮助描述社会状态的非常优秀的指标。"

197.关于美国神职人员奸污和猥亵儿童的丑闻，参见根据真实事件改编的美国2016年奥斯卡金像奖最佳影片《聚焦》。教会性侵在全球范围内是普遍的，最近在澳大利亚也激起轩然大波。

198.［美］雅克·蒂洛，基思·克拉斯曼. 伦理学与生活[M]. 程立显，刘建，译. 北京：世界图书出版公司，2008."美国最高法院努力采用这一标准定义，即：色情作品是迎合好色趣味（思想上和行动上对下流东西的贪欲和渴求）而又没有任何补偿性的社会价值、文化价值或艺术价值的东西。"

199.［英］罗素. 幸福婚姻与性[M]. 陈小白，译. 北京：华夏出版社，2014. 罗素在同一本书里也为卖淫做了辩护，认为"只要体面妇女的德行被视为一件极其重要的事情，婚姻制度就必须辅之以另一种也许真正应该被视为其组成部分的制度——我说的是卖淫制度。"我在《有温度的资本论》中已经指出："比如说卖淫，在过程中双方各取所需，没有对其他人造成具体的伤害，为什么算不道德呢？有的解释会说对婚姻产生了不好的范例效应等，这有些牵强。不把人当人，或者说把人给物化了，是一切不道德的根源。比如在卖淫这个例子中，正是由于女性被物化了，因此我们认为不道德。"

200-202.［美］约翰·戈特曼,［美］娜恩·西尔弗.爱的博弈:建立信任、避免背叛与不忠[M].穆君,伏维,译.杭州:浙江人民出版社,2014.

203.［美］玛丽娜·艾德谢德.爱情市场:你必须了解的性与爱的经济学[M].斯塔夏,译.北京:新星出版社,2017."不过根据财富的婚姻分类有趣之处在于:由财富形成的阶层等级说明不同社会阶层人士从婚姻中所获得的利益是显失公平的。富有阶级从婚姻中的获利要远远超过贫穷阶级。考虑到收入(和教育水平)与父母的财富是直接相关的,有较高收入的人比起低收入人群更愿意结婚这一事实也就可以解释了。此外,因为人们选择配偶的方式,富人和穷人的财富水平两极分化将会随着时间推移日益加剧。富有家庭的孩子不仅可以继承家长的财富,还能继承配偶家长的财富。穷人家的孩子不仅需要承担父母的债务,还要承担配偶双亲的。基于父母财富的婚姻阶级分层预示着,随着时间的推移,财富会逐渐集中到少数家庭手中并持续累积。"

204.亚里士多德全集[M].崔延强,李秋零,译.北京:中国人民大学出版社,1994.亚里士多德在《家政学》中写道:"在这里,诗人明确地劝谕夫妻双方要在坏事和不道德的事情上相互抑制,同时尽可能地在道德的和正确的事情上相互支持,首先就是必须尽力关怀父母。丈夫对妻子父母的关怀不得少于对自己父母的关怀,妻子也应该同样地关怀丈夫的父母。其次,他们必须把子女、朋友、财产和整个家庭当作共同的事情来关怀,相互比赛,看谁为共同的幸福做出更大的贡献,表现得更高尚、更公正;他们应该戒绝傲慢，以一种谦让的、仁和的方式正确地治理家庭，以便能够在老年时，当他们摆脱了职责和繁重的操劳以及年轻时代偶尔出现的贪欲和享乐之后，相互之间并对子女们作出回答，看二人中谁对家庭的幸福做出的贡献更大，并且当即知道，究竟是命运造成了苦难，还是德行带来了幸福。谁在这些方面取得了胜利，谁就从诸神那里得到了极大的报酬，就像品达所说，美好的心灵和希望支配着凡人们多变的意志，其次就是幸福地被子女赡养到老年。因此，在私人和公共事务中必须对所有的神和神所赋予生命的人有一个正确的态度，尤其是对自己的妻子、儿女和父母。"

205-212. [美] 詹姆斯·卡斯. 有限与无限的游戏：一个哲学家眼中的竞技世界[M]. 马小悟，余倩，译. 北京：电子工业出版社，2013年。

跋

本书献给小拙同学。感谢上天让我在最懂得珍惜的时候遇到最好的人。

祝天下所有人的婚姻和家庭幸福。

黄徽
2020 年冬 于上海